개발자를 위한
오라클 SQL 튜닝

이경오 지음

표지 사진 강수진

이 책의 표지는 강수진님이 보내 주신 풍경사진을 담았습니다.
리얼타임은 독자의 시선을 담은 풍경사진을 책 표지로 보여주고자 합니다.

사진 보내기 ebookwriter@hanbit.co.kr

개발자를 위한 **오라클 SQL 튜닝**

전자책발행 2016년 2월 16일
종이책발행 2016년 3월 18일

지은이 이경오 / **펴낸이** 김태헌
펴낸곳 한빛미디어(주) / **주소** 서울시 마포구 양화로 7길 83 한빛미디어(주) IT출판부
전화 02-325-5544 / **팩스** 02-336-7124
등록 1999년 9월 30일 제10-1779호
ISBN 978-89-6848-814-6 13000 / **정가** 16,800원

총괄 전태호 / **책임편집** 김창수 / **기획·편집** 정지연 / **교정** 이미연
디자인 표지/내지 여동일, 조판 최송실 / **제작** 박성우
마케팅 박상용, 송경석 / **영업** 김형진, 김진불, 조유미

이 책에 대한 의견이나 오탈자 및 잘못된 내용에 대한 수정 정보는 한빛미디어(주)의 홈페이지나 아래 이메일로 알려주십시오.
한빛미디어 홈페이지 www.hanbit.co.kr / **이메일** ask@hanbit.co.kr

Published by HANBIT Media, Inc. Printed in Korea
Copyright © 2016 이경오 & HANBIT Media, Inc.
이 책의 저작권은 이경오와 한빛미디어(주)에 있습니다.
저작권법에 의해 보호를 받는 저작물이므로 무단 복제 및 무단 전재를 금합니다.

지금 하지 않으면 할 수 없는 일이 있습니다.
책으로 펴내고 싶은 아이디어나 원고를 메일(ebookwriter@hanbit.co.kr)로 보내주세요.
한빛미디어(주)는 여러분의 소중한 경험과 지식을 기다리고 있습니다.

저자 소개

지은이_ **이경오**

광운대학교 컴퓨터소프트웨어학과를 졸업하고 2009년 키움증권 전산실에서 사회생활을 시작하였습니다. 이후 흥국생명 전산실에서 SM 업무를 수행하였으며, KG모빌리언스에서 차세대 시스템 구축 프로젝트를 담당하였습니다. 현재는 국내 유일의 오픈소스 DBMS인 CUBRID의 벤더사인 (주)큐브리드에 합류하여 DBMS 컨설팅 업무를 수행하고 있습니다. 6년간의 소프트웨어 개발 경험과 DBMS 시스템에 대한 심도 있는 학습을 바탕으로 대한민국 오픈소스 DBMS의 확산과 발전을 위해 하루하루 최선을 다하고 있습니다.

보유 자격증

- SQL 개발자(국가공인 SQL Developer, 한국데이터베이스진흥원)
- SQL 전문가(국가공인 SQL Professional, 한국데이터베이스진흥원)
- 리눅스마스터 1급(Linux Master 1st, 한국정보통신진흥협회)

운영 블로그 http://blog.naver.com/dbmsexpert

저자 서문

저는 지난 2009년 9월 키움증권 전산실에서 IT 개발자 생활을 시작하였습니다. 업무를 진행하면서 정확한 고성능 SQL문을 작성하는 것이 프로그래밍 언어만큼이나 중요하다고 생각해 왔습니다. 그리하여 개발자로 일하면서도 SQL 튜닝 분야에 대한 심도 있는 학습을 진행해 왔습니다.

대다수 IT 개발자는 SQL문을 작성할 때 업무 요건에만 충족하면 작업을 멈추고 해당 SQL문을 실제 운영 환경에 적용합니다. 결과 집합은 충족하지만 성능을 고려하지 않은 SQL문이 하나둘씩 쌓여갈 때 시스템은 걷잡을 수 없는 부하에 시달리게 됩니다. 정작 해당 SQL을 튜닝해야 할 DBA는 해당 업무를 잘 몰라서 SQL 튜닝을 하기가 쉽지 않습니다.

이러한 실무 환경이나 현실을 생각해 보면 해당 비즈니스 로직을 누구보다 잘 아는 사람인 개발자가 SQL 튜닝을 하는 것이 맞습니다. 저 또한 이러한 상황에서 SQL 튜닝 학습을 시작하였습니다. 시중에 있는 SQL 튜닝 관련 책을 보고 학습하면서 다음과 같은 힘든 점이 있었습니다.

- SQL 기초를 다루는 책은 개발자가 읽기에는 너무 쉽습니다.
- SQL 튜닝을 다룬 책은 개발자가 읽기에는 너무 어렵고, 책에 나온 내용을 실무 환경에서 실습하기가 어렵습니다(권한 문제 등).

즉, 개발자에게 최적화된 SQL 튜닝 책이 시중에는 없었습니다. 이러한 이유로 SQL 튜닝을 학습하는 데 있어 커뮤니티에서 만난 스터디 그룹이나 인터넷 검색에 의존하였으며 학습하는 과정 또한 쉽지 않았습니다. SQL 튜닝 분야를 꼭 학습해야 하거나 관심이 있는 사람들이 보기에 가장 적합한 책이 있었으면 좋겠다고 판단하였습니다.

SQL문을 튜닝하는 데 화려한 UI를 가지고 있는 성능 모니터링 툴이나 고도의 SQL Tracing 툴이 꼭 필요한 것은 아닙니다(물론 있으면 많은 도움이 됩니다). 실행 계획만 보고도 SQL문을 튜닝할 수 있습니다. 실행 계획은 개발자에게도 주어지는 권한입니다. 이 책의 내용은 대한민국 개발자의 업무 환경에 초점을 맞춘 책이며 이 책의 이론과 실습 내용을 차근차근 학습해 나간다면 누구나 SQL 튜닝을 할 수 있습니다.

이 책의 특징을 살펴보면 다음과 같습니다.

- 개발자에게 모든 초점과 난이도를 맞췄습니다.
- 기초 SQL문을 작성할 수 있는 사람이라면 누구나 이 책의 내용을 학습할 수 있습니다.
- DBA 권한이 반드시 필요한 부분이나 사용빈도가 극히 낮고 어려운 부분은 다루지 않습니다.
- 이 책에서 다루는 SQL 튜닝 기법은 실무에 바로 적용할 수 있으며, 이는 전체 SQL 튜닝의 80~90%를 차지합니다.

즉, 이 책에서 다루고 있는 이론과 실습을 모두 학습한다면 약간의 노력과 시간 투자로 엄청난 업무 효율을 발휘할 수 있습니다(필자의 경험입니다).

이 책에서 다루는 내용은 SQL 튜닝 분야에서 가장 기초적이면서 가장 널리 쓰이고 있는 내용입니다. 1장~7장까지의 모든 학습을 마무리하면 현재 개발하는 시스템 또는 유지보수하는 시스템에서 튜닝이 필요한 SQL문이 눈에 보이게 됩니다. 그러한 비효율적인 SQL문을 튜닝해 나가는 것이 시스템 부하를 최소화하고 안정된 시스템을 만들어 가는 과정일 것입니다.

이 책을 학습하는 모든 개발자가 SQL문을 작성할 때 튜닝적인 관점에서 접근하여 시스템 성능을 향상시키고 더 나아가 대한민국 IT 시스템이 한 단계 발전할 수 있는 계기가 되기를 간절히 바랍니다.

이 책의 실습 환경

- **Windows 8.1 K** Windows 8.1 K 환경에 오라클을 설치하여 실습을 진행하였습니다. Linux 또는 Unix 기반에 설치된 오라클 환경에서도 실습할 수 있습니다.
- **Oracle Database 11g Enterprise Edition Release 11.2.0.1.0 - 64bit Production** 오라클 11g 버전을 기준으로 기술되었으며 오라클 11g가 설치된 서버 또는 PC라면 이 책의 내용을 실습할 수 있습니다. 이 책에서는 오라클 11g의 설치에 관한 설명은 생략합니다.

스크립트 다운로드

이 책에서 사용한 스크립트는 다음에서 다운로드할 수 있습니다.

- https://www.hanbit.co.kr/exam/2799

차례

chapter 1   SQL 튜닝을 위한 준비 ── 013

1.1 테이블 스페이스 및 계정 생성 ── 013
    1.1.1 테이블 스페이스 생성 ── 013
    1.1.2 사용자 계정 생성 ── 014
1.2 실습 테이블 구성 ── 015
    1.2.1 NOLOGGING 모드 설정 ── 015
    1.2.2 APPEND 힌트 ── 016
    1.2.3 데이터 복제 ── 016
    1.2.4 RANDOM 함수의 사용 ── 017
1.3 실행 계획 및 통계정보 생성 ── 018
    1.3.1 실행 계획 ── 018
    1.3.2 실행 계획 분석 ── 019
    1.3.3 통계정보 생성 ── 020

chapter 2   인덱스 튜닝 ── 021

2.1 인덱스 스캔 튜닝 ── 021
    2.1.1 B-Tree 인덱스 ── 021
    2.1.2 인덱스와 테이블의 관계 ── 023
    2.1.3 인덱스 스캔 튜닝 ── 024
    2.1.4 인덱스 스캔 튜닝 관련 힌트 ── 025
    실습 2-1 인덱스를 최대한 활용하여 원하는 결과 검색하기 ── 026
    실습 2-2 인덱스 구성 컬럼을 추가하여 테이블 랜덤 액세스 제거하기 ── 035
2.2 인덱스 풀 스캔 튜닝 ── 041
    2.2.1 인덱스 풀 스캔 ── 041
    2.2.2 인덱스 풀 스캔의 종류 ── 042
    2.2.3 인덱스 풀 스캔 튜닝 ── 043
    2.2.4 인덱스 풀 스캔 튜닝 관련 힌트 ── 044

　　　　　실습 2-3 인덱스 패스트 풀 스캔을 활용하여 집계결과 검색하기 —— **045**
　　2.3 테이블 풀 스캔 튜닝 —— **050**
　　　　　2.3.1 선택도 —— **050**
　　　　　2.3.2 인덱스 손익 분기점 —— **050**
　　　　　2.3.3 테이블 풀 스캔 튜닝 —— **051**
　　　　　실습 2-4 테이블 풀 스캔을 유도하여 비효율적인 인덱스 스캔 예방하기 —— **051**

chapter 3　**조인 튜닝** —— **057**

　　3.1 중첩 루프 조인 튜닝 —— **057**
　　　　　3.1.1 중첩 루프 조인 —— **057**
　　　　　3.1.2 Outer 테이블과 Inner 테이블 —— **058**
　　　　　3.1.3 인라인 뷰 —— **058**
　　　　　3.1.4 중첩 루프 조인 튜닝 —— **059**
　　　　　3.1.5 중첩 루프 조인 튜닝 관련 힌트 —— **060**
　　　　　실습 3-1 효율적인 중첩 루프 조인으로 결과 도출하기 —— **063**
　　3.2 해시 조인 튜닝 —— **070**
　　　　　3.2.1 해시 조인 —— **070**
　　　　　3.2.2 해시 조인의 특성 —— **071**
　　　　　3.2.3 Build Input과 Probe Input —— **071**
　　　　　3.2.4 해시 조인을 위한 메모리 관리 —— **072**
　　　　　3.2.5 해시 조인 튜닝 —— **072**
　　　　　3.2.6 해시 조인 튜닝 관련 힌트 —— **072**
　　　　　실습 3-2 해시 조인으로 성능 극대화하기 —— **074**
　　　　　실습 3-3 인라인 뷰를 이용한 해시 조인으로 성능 극대화하기 —— **080**
　　3.3 세미 조인 튜닝 —— **086**
　　　　　3.3.1 세미 조인 —— **086**
　　　　　3.3.2 EXISTS문과 NOT EXISTS문 —— **086**
　　　　　3.3.3 세미 조인 튜닝 —— **086**

　　　　3.3.4 서브쿼리 Unnesting ―― **087**
　　　　3.3.5 세미 조인 튜닝 관련 힌트 ―― **087**
　　　　실습 3-4 세미 조인 기법을 이용하여 성능 극대화하기 ―― **090**
　3.4　아우터 조인 튜닝 ―― **099**
　　　　3.4.1 아우터 조인 ―― **099**
　　　　3.4.2 Left 아우터 조인 ―― **100**
　　　　3.4.3 Right 아우터 조인 ―― **101**
　　　　3.4.4 아우터 조인 튜닝 ―― **101**
　　　　실습 3-5 아우터 조인으로 테이블 스캔을 최소화하여 성능 개선하기
　　　　　　 ―― **102**
　　　　실습 3-6 아우터 조인을 스칼라 서브쿼리 방식으로 변환하여 성능 극대화하기
　　　　　　 ―― **109**

chapter 4　함수 튜닝 ―― **115**

　4.1　분석 함수 튜닝 ―― **115**
　　　　4.1.1 집계 함수의 한계 ―― **115**
　　　　4.1.2 분석 함수의 유용성 ―― **116**
　　　　4.1.3 분석 함수 튜닝 ―― **117**
　　　　4.1.4 주요 분석 함수 ―― **118**
　　　　실습 4-1 RANK 함수를 이용하여 반복적인 테이블 스캔 제거하기 ―― **121**
　　　　실습 4-2 SUM 함수를 이용하여 반복적인 테이블 스캔 제거하기 ―― **126**
　4.2　사용자 정의 함수 튜닝 ―― **130**
　　　　4.2.1 사용자 정의 함수 ―― **130**
　　　　4.2.2 사용자 정의 함수의 재귀 호출 부하 ―― **131**
　　　　4.2.3 사용자 정의 함수 튜닝 ―― **131**
　　　　실습 4-3 재귀 호출 부하 최소화하기 ―― **132**

chapter 5 부분 범위 처리 튜닝 —— 139

- 5.1 부분 범위 처리 —— 139
  - 5.1.1 부분 범위 처리의 기초 —— 139
  - 5.1.2 부분 범위 처리의 구현 —— 141
- 5.2 최대값/최소값 스캔 튜닝 —— 143
  - 5.2.1 최대값/최소값 스캔 튜닝 —— 143
  - 실습 5-1 부분 범위 처리 기법을 이용하여 최대값/최소값 검색하기 —— 143
- 5.3 페이징 처리 튜닝 —— 149
  - 5.3.1 페이징 처리 —— 149
  - 5.3.2 페이징 처리 튜닝 —— 149
  - 실습 5-2 부분 범위 처리 기법을 이용하여 페이징 처리하기 —— 149

chapter 6 파티셔닝 튜닝 —— 157

- 6.1 파티셔닝 —— 157
- 6.2 파티션 프루닝 튜닝 —— 158
  - 6.2.1 파티션 프루닝 —— 158
  - 실습 6-1 파티션 프루닝이 동작하도록 조건절 튜닝하기 —— 158
- 6.3 파티션 인덱스 튜닝 —— 163
  - 6.3.1 파티션 인덱스의 정의와 종류 —— 163
  - 6.3.2 파티션 인덱스의 생성 방식 —— 165
  - 6.3.3 파티션 인덱스 유형 정리 —— 166
  - 6.3.4 파티션 인덱스 튜닝 —— 166
  - 실습 6-2 파티션 인덱스 스캔으로 성능 극대화하기 —— 166

chapter 7 병렬 처리 튜닝 —— 173

- 7.1 병렬과 병렬 처리 —— 173
- 7.2 병렬 스캔 튜닝 —— 174
    - 7.2.1 병렬 스캔 튜닝 —— 174
    - 7.2.2 병렬 스캔 튜닝 관련 힌트 —— 174
    - 실습 7-1 대용량의 테이블을 병렬 스캔으로 검색하기 —— 175
- 7.3 병렬 인덱스 스캔 튜닝 —— 179
    - 7.3.1 병렬 인덱스 스캔 —— 179
    - 7.3.2 병렬 인덱스 스캔 튜닝 —— 180
    - 7.3.3 병렬 인덱스 스캔 튜닝 관련 힌트 —— 180
    - 실습 7-2 인덱스 병렬 스캔을 유도하여 성능 극대화하기 —— 181

chapter 1

SQL 튜닝을 위한 준비

SQL 튜닝 실습을 진행하기 위해서는 다음의 3가지가 필요합니다.

- 대용량 데이터를 저장할 저장소(테이블 스페이스)와 해당 저장소를 사용할 사용자 계정
- SQL문만으로 대용량의 테이블을 구성하는 방법
- 오라클의 통계정보를 분석하는 방법

이번 장에서 이 3가지에 대해 자세히 다루게 됩니다. 이번 장을 완벽히 이해한 후 본격적인 튜닝 학습을 시작하기 바랍니다.

1.1 테이블 스페이스 및 계정 생성

1.1.1 테이블 스페이스 생성

테이블 스페이스Table Space는 테이블을 저장하는 공간입니다. 오라클은 테이블 스페이스 내에 테이블을 저장하며 테이블에는 데이터가 저장됩니다. 실습을 진행하기 위해서 별도의 테이블 스페이스를 생성합니다. 테이블 스페이스의 생성 방법은 다음과 같습니다.

(1) 관리자 권한으로 로그인

'sysdba' 권한으로 접속합니다.

```
sqlplus "/as sysdba"
```

(2) 테이블 스페이스 생성

'dbmsexpert'라는 오라클 인스턴스에 총 4GB 용량의 테이블 스페이스를 생성하였습니다.

```
CREATE TABLESPACE DBMSEXPERT_DATA
DATAFILE 'C:\app\dbmsexpert\oradata\orcl\DBMSEXPERT_DATA.DBF' SIZE 4G
AUTOEXTEND ON NEXT 1G MAXSIZE UNLIMITED
LOGGING
ONLINE
PERMANENT
EXTENT MANAGEMENT LOCAL AUTOALLOCATE
BLOCKSIZE 8K
SEGMENT SPACE MANAGEMENT AUTO
FLASHBACK ON;
```

(3) 임시 테이블 스페이스 생성

'dbmsexpert'라는 오라클 인스턴스에 총 1GB 용량의 임시 테이블 스페이스를 생성하였습니다.

```
CREATE TEMPORARY TABLESPACE DBMSEXPERT_TMP
TEMPFILE 'C:\app\dbmsexpert\oradata\orcl\DBMSEXPERT_TMP.DBF' SIZE 1G
AUTOEXTEND ON NEXT 100M MAXSIZE UNLIMITED;
```

1.1.2 사용자 계정 생성

앞에서 생성한 테이블 스페이스를 기본 설정으로 하는 오라클 계정을 생성합니다. 생성 방법은 다음과 같습니다.

(1) 관리자 권한으로 로그인

'sysdba' 권한으로 접속합니다.

```
sqlplus "/as sysdba"
```

(2) 사용자 계정 생성

'DBMSEXPERT_DATA'와 'DBMSEXPERT_TMP' 테이블 스페이스를 Default로 하는 'DBMSEXPERT' 계정을 신규로 생성하였습니다. 지금부터 'DBMSEXPERT' 계정으로 로그인하여 생성하는 테이블 및 인덱스는 모두 'DBMSEXPERT_DATA'에 생성됩니다. 해당 계정으로 작업하다 임시 영역이 필요한 경우에는 'DBMSEXPERT_TMP' 영역을 사용하게 됩니다.

```
CREATE USER DBMSEXPERT IDENTIFIED BY DBMSEXPERT
DEFAULT TABLESPACE DBMSEXPERT_DATA
TEMPORARY TABLESPACE DBMSEXPERT_TMP
PROFILE DEFAULT
ACCOUNT UNLOCK;
```

(3) 권한 주기

'DBMSEXPERT' 계정에 권한을 주었습니다.

```
GRANT RESOURCE TO DBMSEXPERT;
GRANT CONNECT TO DBMSEXPERT;
GRANT CREATE VIEW TO DBMSEXPERT;
GRANT CREATE SYNONYM TO DBMSEXPERT;
```

(4) 생성된 계정으로 접속

생성된 계정으로 오라클에 접속합니다.

1.2 실습 테이블 구성

1.2.1 NOLOGGING 모드 설정

오라클에서 테이블에 NOLOGGING 모드를 설정하면 해당 테이블에 INSERT 작업 시 Redo 로그 작업을 최소화합니다. 따라서 대용량의 데이터를 INSERT 작업할 때 데이터 입력 시간을 줄일 수 있습니다. 사용법은 다음과 같습니다. 대용량의 데이터를 INSERT 전에 해당 테이블을 NOLOGGING 모드로 설정합니다.

```
ALTER TABLE 테이블명 NOLOGGING;
```

1.2.2 APPEND 힌트

오라클이 테이블에 데이터를 입력할 때 다음 단계를 거치게 됩니다.

1) 데이터 버퍼 캐시Data Buffer Cache를 경유합니다.
2) 테이블 세그먼트의 비어 있는 블록Free Block을 검색합니다.
3) 비어 있는 블록에 데이터를 저장합니다.

APPEND 힌트를 사용한다면 세그먼트의 HWM High Water Mark 바로 뒤부터 데이터를 입력하게 되는데, HWM은 세그먼트의 가장 끝이라고 이해하시면 됩니다. 또한, 데이터 버퍼 캐시를 경유하지 않고 바로 데이터를 저장하게 되므로 데이터의 입력 시간을 단축할 수 있습니다.

APPEND 힌트를 사용하려면 다음과 같이 INSERT 바로 뒤에 APPEND 힌트를 입력합니다.

```
INSERT /*+ APPEND */ INTO 테이블명
```

1.2.3 데이터 복제

대용량의 테이블을 구성하기 위해서는 데이터 복제 기법을 정확히 알아야 합니다.

카티션 곱 조인(Cartesian Product Join)

N건의 데이터로 구성된 'A'라는 테이블과 M건의 데이터를 가진 'B'라는 테이블을 아무런 조인 조건 없이 조인하면 'N건 × M건'의 데이터를 출력하게 됩니다.

다음 예제에서 테이블 A에 100건, 테이블 B에 1,000건의 데이터가 있다고 가정하면, 총 10만 건(100건 × 1,000건 = 100,000건)의 결과 건수가 나오게 됩니다.

```
SELECT * FROM A, B;
```

계층형 쿼리 사용

오라클에서 사용하는 계층형 쿼리를 이용하여 인위적으로 여러 개(N)의 행을 출력할 수 있습니다. 다음 예제는 총 1,000개의 행을 출력하게 됩니다.

```
SELECT * FROM DUAL CONNECT BY LEVEL <= 1000;
```

카티션 곱 조인과 계층형 쿼리의 혼용

카티션 곱 조인과 계층형 쿼리를 혼용하면 특정 테이블의 내용을 복제할 수 있습니다. 다음 예제에서 테이블 'A'에 100건의 데이터가 있다고 가정하면, 총 200건 (100건 × 2 = 200건)의 행이 생기고 테이블 'A'의 내용을 복제합니다.

```
SELECT * FROM A, (SELECT LEVEL FROM DUAL CONNECT BY LEVEL <= 2);
```

1.2.4 RANDOM 함수의 사용

테이블 구성 시 특정 값을 인위적으로 만들기 위해서 RANDOM 함수를 이용합니다.

랜덤 숫자

다음은 랜덤 숫자를 발생시키는 예제로, 1~100까지의 숫자 중 특정 숫자를 리턴합니다. 기본으로 실수를 리턴하기 때문에 TRUNC 함수로 덮어씌워 주면 정수를 리턴하게 됩니다.

```
SELECT TRUNC(DBMS_RANDOM.VALUE(1, 100)) FROM DUAL;
```

랜덤 문자열

랜덤 문자열을 발생시키는 예제로, 대문자로 된 10자리의 랜덤 문자열을 리턴합니다.

```
SELECT DBMS_RANDOM.STRING('U', 10) FROM DUAL;
```

다음 예제는 소문자로 된 10자리의 랜덤 문자열을 리턴합니다.

```
SELECT DBMS_RANDOM.STRING('L', 10) FROM DUAL;
```

1.3 실행 계획 및 통계정보 생성

1.3.1 실행 계획

오라클의 옵티마이저^{Optimizer}는 사용자가 호출한 SQL에 대해 최적의 실행 계획을 도출해 줍니다. 도출 기준은 SQL문 자체 분석과 각종 통계정보입니다.

실행 계획이 도출되면 해당 실행 계획대로 SQL문에 대한 연산을 수행하게 됩니다. 오라클의 옵티마이저는 타 DBMS보다 월등한 성능을 자랑하며 아무리 복잡한 SQL문이라도 최소한의 비용으로 해당 결과를 도출할 수 있습니다.

하지만 옵티마이저가 모든 SQL문에 대해서 최적의 실행 계획을 도출하는 것은 아닙니다. 때때로 옵티마이저도 비효율적인 실행 계획을 도출하며 해당 SQL문은 DBMS에 과부하의 원인이 되기도 합니다. 실행 계획을 분석하여 옵티마이저가 미처 최적화하지 못한 부분을 찾아 튜닝하는 것이 이 책의 주 목적입니다(이 책은 SQL 기초를 다루는 책이 아니므로 실행 계획을 출력하는 방법은 다루지 않았습니다).

1.3.2 실행 계획 분석

실행 계획 분석은 다음의 두 가지 기본 원칙을 바탕으로 합니다.

- Operation 항목 중 가장 오른쪽에 있는 문자열부터 수행합니다.
- Operation 항목 중 가장 오른쪽에 있는 문자열이 두 개 이상이라면(즉, 같은 Depth에 있다면) 위에서부터 수행합니다.

다음 SQL문에 대한 실행 계획을 분석해 보겠습니다.

SQL문

```
SELECT *
FROM
    EMP A, DEPT B
WHERE
    A.DEPTNO = B.DEPTNO;
```

실행 계획

ID	Operation	Name	Cost
0	SELECT STATEMENT		7
1	HASH JOIN		7
2	TABLE ACCESS FULL	DEPT	3
3	TABLE ACCESS FULL	EMP	3

수행 순서(ID 기준)

2 → 3 → 1 → 0

실행 계획 설명

ID	설명
2	가로를 기준으로 가장 오른쪽에 위치한 연산이 2번과 3번입니다. 동일한 가로 깊이일 경우 세로를 기준으로 위부터 시작하므로 2번 연산이 가장 먼저 시작하고, DEPT 테이블을 테이블 풀 스캔(TABLE ACCESS FULL)합니다.

ID	설명
3	2번과 동일하게 가로를 기준으로 가장 오른쪽에 있으면서 2번보다 아래에 있는 3번이 수행됩니다. EMP 테이블을 테이블 풀 스캔(TABLE ACCESS FULL)합니다.
1	가로를 기준으로 2번과 3번 바로 왼쪽에 위치한 1번을 수행합니다. 2번과 3번 연산을 해시 조인(HASH JOIN)하였습니다. 옵티마이저가 DEPT 테이블과 EMP 테이블의 조인 연산은 해시 조인이 가장 유리하다고 판단하였습니다(해시 조인에 대한 설명은 3장 2절 참고).
0	가로를 기준으로 1번보다 왼쪽에 있는 0번이 수행됩니다. SELECT절에 대한 연산을 수행합니다.

1.3.3 통계정보 생성

오라클의 옵티마이저가 최적의 실행 계획을 생성하기 위해서는 통계정보가 미리 생성되어 있어야 합니다. 통계정보의 생성 방법은 다음과 같습니다.

(1) 테이블 통계정보 생성

EMP 테이블에 대한 통계정보를 생성합니다.

```
ANALYZE TABLE EMP COMPUTE STATISTICS;
```

(2) 인덱스 통계정보 생성

PK_EMP 인덱스에 대한 통계정보를 생성합니다.

```
ANALYZE INDEX PK_EMP COMPUTE STATISTICS;
```

(3) 특정 테이블과 테이블 내의 인덱스에 대한 통계정보 생성

EMP 테이블과 EMP 테이블이 가지고 있는 모든 인덱스에 대한 통계정보를 생성합니다.

```
ANALYZE TABLE EMP COMPUTE STATISTICS
FOR TABLE FOR ALL INDEXES FOR ALL INDEXED COLUMNS SIZE 254;
```

chapter 2

인덱스 튜닝

이번 장에서는 SQL 튜닝의 기본이면서도 가장 중요하다고 할 수 있는 인덱스 튜닝에 대해 학습합니다. 다루게 되는 내용은 다음과 같습니다.

첫째, 인덱스 스캔Index Scan의 효용성에 대해 자세히 알아봅니다.

둘째, 인덱스 풀 스캔Index Full Scan과 인덱스 패스트 풀 스캔Index Fast Full Scan의 장단점 및 사용 방법에 대해 자세히 알아봅니다.

셋째, 인덱스 스캔보다 테이블 풀 스캔Table Full Scan이 유리한 상황을 알아봅니다.

2.1 인덱스 스캔 튜닝

2.1.1 B-Tree 인덱스

오라클은 디스크 소트Disk Sort와 테이블 풀 스캔을 회피하기 위해 인덱스를 이용합니다. '디스크 소트'는 정렬 작업을 메모리 내에서 완료하지 못할 정도로 용량이 커서 디스크 공간까지 활용한 정렬 연산을 의미하고, '테이블 풀 스캔'은 테이블스페이스에 저장된 테이블을 처음부터 끝까지 전체 검색하는 것을 뜻합니다. 디스크 소트와 테이블 풀 스캔으로 인해 DBMS에 부하를 주는 경우가 많은데, 인덱스 스캔을 활용한다면 이러한 부하를 극적으로 줄일 수 있습니다.

오라클은 다양한 인덱스 유형을 가지고 있습니다(B-Tree, Bitmap, 함수기반 등). 그 중에서 일반적으로 널리 사용되는 인덱스는 B-TreeBalanced Tree 인덱스입니다. 인덱스를 이용한 SQL 튜닝을 하려면 B-Tree 인덱스를 이해하는 것이 가장 중요합니다.

B-Tree 인덱스는 데이터가 정렬된 상태로 저장되어서 부하가 큰 소트 연산Sort Operation을 회피하는 데 유용하게 이용됩니다. 예를 들어, 최종 사용자End User가 10,000건의 행을 검색하면서 해당 10,000건의 대해 ORDER BY(소트 연산)를 요청 시 기정렬된 B-Tree 인덱스를 이용하여 스캔한다면 10,000건에 대한 소트 연산을 회피할 수 있습니다.

오라클은 인덱스를 생성하는 데 있어서 다양한 옵션을 제공합니다. 한 개(1) 또는 여러 개(N)의 컬럼으로 구성된 인덱스를 생성할 수 있는데, 한 개의 컬럼으로만 구성된 인덱스를 '단일 컬럼 인덱스'라고 하며 2개 이상의 컬럼으로 구성된 인덱스를 '복합 컬럼 인덱스'라고 합니다. 또한, 인덱스 컬럼마다 정렬되는 순서를 오름차순(ASC) 또는 내림차순(DESC)으로 설정할 수 있습니다.

예를 들면, 'ENAME'이라는 컬럼은 내림차순, 'SAL'이라는 컬럼은 오름차순으로 생성할 때, 오라클에서 B-Tree 인덱스를 생성하는 방법은 다음과 같습니다.

```
CREATE INDEX EMP_IDX01 ON EMP (ENAME ASC, SAL DESC);
```

B-Tree 인덱스는 성별과 같이 선택도Selectivity가 높은 컬럼보다는 주민등록번호나 이름 같이 선택도가 낮은 컬럼에 생성하는 것이 유리합니다(자세한 내용은 2.3.1 선택도 참고). 또한, 인덱스가 생성된 컬럼을 NVL 또는 TRIM과 같은 내장 함수Built-In Function로 감싸면 해당 인덱스 사용이 불가능Unusable하므로 주의해야 합니다(함수 기반 인덱스 사용 시 제외).

B-Tree 인덱스를 이해하고 활용하는 것은 SQL 튜닝에 지대한 영향을 미치게 됩니다. 인덱스 생성과 활용을 심도 있게 학습하여 실무에 적용한다면 해당 DBMS 시스템의 극적인 성능 향상을 가져오게 됩니다. 이러한 이유로 이 책에서는 인덱

스 튜닝에 부분에 가장 많은 무게를 실어 다루고 있습니다.

다음의 그림은 B-Tree 인덱스의 구성도를 나타냅니다. 이 구성도에서 루트 블록 Root Block을 시작으로 리프 블록 Leaf Block까지 수직으로만 탐색하는 기법을 '인덱스 수직 탐색'이라고 하고, 인덱스의 리프 블록을 인덱스의 논리적 순서에 따라 수평으로 탐색하는 것을 '인덱스 수평 탐색'이라고 합니다.

그림 2-1 B-Tree 인덱스의 구성도

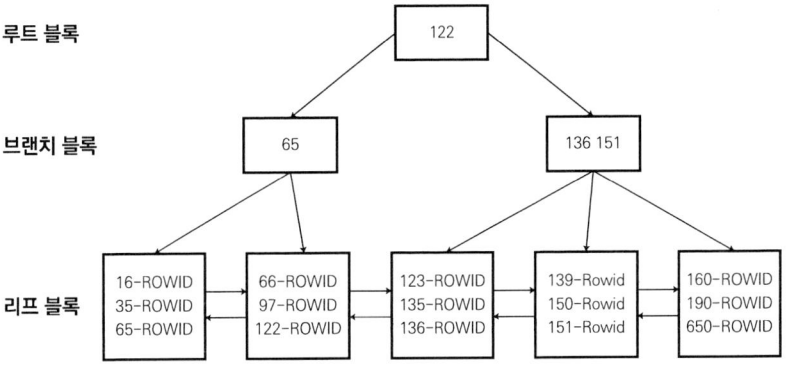

2.1.2 인덱스와 테이블의 관계

인덱스와 테이블은 각각의 객체 Object입니다. 즉, 인덱스와 테이블은 논리적/물리적 Logical/Physical으로 완전히 분리되어 있습니다. [그림 2-1]을 보면 리프 블록에는 ROWID(테이블의 최우선순위 인덱스)를 저장하고 있습니다. 인덱스 스캔이 성공하면 해당 ROWID를 이용하여 테이블 액세스를 하게 되는데, 이러한 연산을 '테이블 랜덤 액세스 Table Random Access'라고 합니다. 테이블 랜덤 액세스가 많아지면 시스템에 많은 부하를 주게 됩니다. 결국 테이블 랜덤 액세스를 줄이는 것이 인덱스 스캔 튜닝의 핵심이슈가 됩니다.

정리하면, 인덱스와 테이블은 서로 논리적/물리적으로 분리되어 존재하는 객체고, 인덱스 스캔 후 테이블 랜덤 액세스라는 비용 Cost이 발생합니다.

> **NOTE** 테이블 랜덤 액세스(Table Radom Access)
>
> 인덱스 스캔 시 인덱스의 리프 블록에는 해당 테이블의 행을 가리키는 ROWID가 존재합니다. 인덱스 스캔이 완료되면 해당 ROWID를 이용하여 테이블 액세스를 하게 되는데, 이러한 과정을 테이블 랜덤 액세스Table Random Access라고 합니다. 소량의 데이터라면 테이블 랜덤 액세스는 성능에 큰 지장을 주지 않지만, 대량의 데이터를 인덱스 스캔 후 테이블 랜덤 액세스하는 횟수가 많아지면 시스템에 큰 부하를 주게 됩니다.
>
> 또한, 테이블 랜덤 액세스의 횟수로 인덱스 스캔의 효율을 평가하기도 합니다. 특정 인덱스를 스캔하여 100건이 나왔고 테이블 랜덤 액세스 후의 결과도 100건이라면, 인덱스 스캔의 비효율은 없다고 평가합니다. 반대로 해당 인덱스를 스캔하여 100건이 나왔는데 테이블 랜덤 액세스테이블 랜덤 액세스 후의 결과는 1건이라면, 인덱스 스캔의 비효율이 크으로 다른 인덱스를 사용하거나 인덱스 순서 조정 및 인덱스 컬럼 추가를 해야 합니다.
>
> [그림 2-2]는 테이블 랜덤 액세스의 개념을 표현하고 있습니다. ROWID가 아무리 최우선 순위 인덱스라고 하더라도 각각의 행을 랜덤하게 가져오게 되므로 비용이 매우 크게 발생합니다.
>
> 그림 2-2 테이블 랜덤 액세스
>
>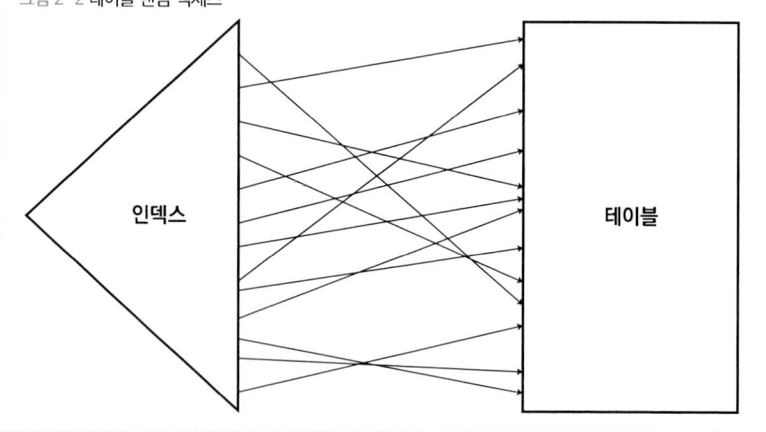

2.1.3 인덱스 스캔 튜닝

인덱스 스캔 튜닝이란 적절한(효율적인) 인덱스를 생성하고 해당 인덱스를 사용함으로써 테이블 풀 스캔을 회피하거나 소트 연산을 생략하는 것을 뜻합니다. 적절한 인덱스를 이용하여 인덱스 스캔을 한다면 대용량의 테이블에서 원하는 데이터를 빠르게 검색할 수 있습니다.

2.1.4 인덱스 스캔 튜닝 관련 힌트

INDEX

(가) 설명

사용자가 지정한 테이블과 인덱스를 선택하여 인덱스 스캔을 유도하는 힌트입니다.

(나) 사용법

인덱스 스캔을 유도할 테이블과 인덱스를 입력합니다.

```
SELECT /*+ INDEX(테이블 인덱스) */
```

(다) 예제

SEX 컬럼은 선택도가 50%(남 또는 여)인 컬럼입니다. 오라클의 옵티마이저는 선택도가 높은 컬럼에 대해 인덱스 스캔보다는 테이블 풀 스캔이 유리하다고 판단하지만, 다음과 같이 INDEX 힌트를 사용하여 인덱스 스캔을 유도할 수 있습니다.

```
SELECT /*+ INDEX(PATIENTS SEX_INDEX)  */
    NAME,
    HEIGHT,
    WEIGHT
FROM PATIENTS
WHERE SEX = 'M';
```

FULL

(가) 설명

특정 테이블에 대해 인덱스 스캔이 아닌 테이블 풀 스캔을 하도록 유도합니다.

(나) 사용법

테이블 풀 스캔을 유도할 테이블을 입력합니다.

```
SELECT /*+ FULL(테이블) */
```

(다) 예제

ACCNO 컬럼은 선택도가 매우 낮은 컬럼입니다(계좌 테이블의 계좌번호). 오라클의 옵티마이저는 선택도가 낮은 컬럼에 대해 인덱스 스캔이 유리하다고 판단하지만, 다음과 같이 FULL 힌트를 사용하여 테이블 풀 스캔을 유도할 수 있습니다.

```
SELECT /*+ FULL(A) */
    ACCNO,
    BAL
FROM ACCOUNTS A
WHERE ACCNO = 7086854;
```

실습 2-1 인덱스를 최대한 활용하여 원하는 결과 검색하기

A. 실습 준비

A-1 테이블 생성

TB_CUST 테이블을 생성합니다.

```
CREATE TABLE TB_CUST
(
    CUST_ID VARCHAR2(10),   --고객ID
    CUST_NM VARCHAR2(50),   --고객명
    BIRTH_DT VARCHAR2(8),   --생일
    INST_DT VARCHAR2(8),    --입력일자
    INST_ID VARCHAR2(10),   --입력자ID
    INST_NM VARCHAR2(50)    --입력자명
);
```

TB_TRD 테이블을 생성합니다.

```
CREATE TABLE TB_ORD
```

```
(
    ORD_NO VARCHAR2(15),   --주문번호
    ORD_DT VARCHAR2(8),    --주문일자
    PRDT_CD VARCHAR2(6),   --제품코드
    ORD_AMT NUMBER(15),    --주문금액
    DIS_AMT NUMBER(15),    --할인금액
    INST_DT VARCHAR2(8),   --입력일자
    INST_ID VARCHAR2(10),  --입력자ID
    INST_NM VARCHAR2(50),  --입력자명
    CUST_ID VARCHAR2(10)   --고객ID
);
```

A-2 데이터 입력

TB_CUST 테이블에 100만 건의 데이터를 입력합니다.

```
INSERT INTO TB_CUST   --고객테이블
SELECT
    LPAD(TO_CHAR(ROWNUM), 10, '0'),   --고객ID
    DBMS_RANDOM.STRING('U', 10),   --고객명
    TO_CHAR(SYSDATE-TRUNC(DBMS_RANDOM.VALUE(365,36500)), 'YYYYMMDD'),   --생일
    TO_CHAR(SYSDATE, 'YYYYMMDD'),   --입력일자
    'DBMSEXPERT',   --입력자ID
    '이경오'   --입력자명
FROM DUAL CONNECT BY LEVEL <= 1000000;

COMMIT;
```

TB_ORD 테이블을 NOLOGGING 모드로 설정합니다.

```
ALTER TABLE TB_ORD NOLOGGING;
```

TB_ORD 테이블에 1,000만 건의 데이터를 입력합니다.

```
INSERT /*+ APPEND */ INTO TB_ORD   --APPEND 힌트 사용
SELECT
    LPAD(TO_CHAR(ROWNUM), 15, '0'),   --주문번호
    TO_CHAR(SYSDATE-TRUNC(DBMS_RANDOM.VALUE(365,3650)), 'YYYYMMDD'),   --주문일자
```

```
        DBMS_RANDOM.STRING('X', 6),  —제품코드
        TRUNC(DBMS_RANDOM.VALUE(1000, 100000)),  —주문금액
        TRUNC(DBMS_RANDOM.VALUE(100, 10000)),  —할인금액
        TO_CHAR(SYSDATE, 'YYYYMMDD'),  —입력일자
        'DBMSEXPERT',  —입력자ID
        '이경오',   —입력자명
        A.CUST_ID—고객ID
FROM TB_CUST A, ( SELECT LEVEL FROM DUAL CONNECT BY LEVEL <= 10);
COMMIT;
```

A-3 기본키 생성

데이터를 입력한 후 기본키를 생성합니다.

```
ALTER TABLE TB_CUST
ADD CONSTRAINT TB_CUST_PK
PRIMARY KEY (CUST_ID);

ALTER TABLE TB_ORD
ADD CONSTRAINT TB_ORD_PK
PRIMARY KEY (ORD_NO);
```

A-4 외래키 생성

```
ALTER TABLE TB_ORD
ADD CONSTRAINT TB_ORD_FK
FOREIGN KEY (CUST_ID) REFERENCES TB_CUST(CUST_ID);
```

테이블 관계

- TB_CUST 테이블과 TB_ORD 테이블의 관계는 1 : M 관계입니다.
- 한 명의 고객은 여러 건을 주문할 수 있고 한 건도 주문하지 않을 수 있습니다.
- 한 개의 주문은 반드시 한 명의 고객을 가져야 합니다.

> **NOTE** 참조 무결성 제약 조건(Referential Integrity Constraint)
>
> TB_CUST 테이블과 TB_ORD 테이블은 참조 무결성 제약 조건을 가지고 있습니다. '참조 무결성

> '제약 조건'이란 테이블 간의 관계를 표현한 것으로 한 테이블이 다른 한 테이블에 의존하는 관계입니다. 즉, TB_ORD 테이블의 외래키(Foreign Key)인 CUST_ID 컬럼의 값은 반드시 'TB_CUST' 테이블 내에 기본키(Primary Key)로 존재해야 합니다. 이러한 제약 조건을 '참조 무결성 제약 조건' 또는 '외래키 제약 조건'이라고 합니다.

다음 실습을 통해 좀 더 자세히 알아보겠습니다. 앞의 2개 테이블을 생성한 후 다음 INSERT문을 실행해 봅시다.

```
INSERT INTO TB_ORD VALUES
('1',NULL,NULL,NULL,NULL,NULL,NULL, NULL, '1');
```

TB_ORD 테이블을 생성하면서 외래키 제약 조건을 선언하였으므로 TB_ORD 테이블에 INSERT할 경우 CUST_ID 컬럼의 값은 반드시 TB_CUST 테이블 내에 CUST_ID 컬럼의 값을 가져야 합니다. 따라서 앞의 INSERT문은 참조 무결성 제약 조건을 위배하였기 때문에 오라클은 다음과 같은 에러를 발생시킵니다.

```
ORA-02291: 무결성 제약 조건(DBMSEXPERT.TB_ORD_FK)이 위배되었습니다- 부모 키가 없습니다
ORA-02291 에러가 발생하였습니다.
```

A-5 통계정보 생성

테이블과 인덱스에 대한 통계정보를 생성합니다.

```
ANALYZE TABLE TB_CUST COMPUTE STATISTICS
FOR TABLE FOR ALL INDEXES FOR ALL INDEXED COLUMNS SIZE 254;

ANALYZE TABLE TB_ORD COMPUTE STATISTICS
FOR TABLE FOR ALL INDEXES FOR ALL INDEXED COLUMNS SIZE 254;
```

B. 튜닝 전 상황

B-1 튜닝 전 SQL문

```
1   SELECT /*+ FULL(A) */
2       COUNT(*)
3   FROM TB_CUST A
4   WHERE
5       A.CUST_NM LIKE 'AB%' AND
6       EXISTS
7           (
8               SELECT '1'
9                   FROM TB_ORD C
10                  WHERE
11                  C.CUST_ID = A.CUST_ID AND
12                  C.PRDT_CD LIKE 'AB%'
13          ) ;
```

SQL 분석

1번째 줄 FULL 힌트를 사용하여 TB_CUST 테이블의 스캔 방법을 테이블 풀 스캔으로 유도하였습니다.

5번째 줄 LIKE문을 이용하여 CUST_NM 컬럼의 값이 'AB'로 시작하는 행을 찾습니다.

6번째 줄 EXISTS문을 이용하여 TB_ORD 테이블에 PRDT_CD 컬럼의 값이 'AB'로 시작하는 행을 검색합니다.

SQL의 문제점

- TB_CUST 테이블의 CUST_NM 컬럼이 변별력 있는 컬럼임에도 인덱스를 생성하지 않았습니다.
- TB_ORD 테이블의 CUST_ID 컬럼이 변별력 있는 컬럼임에도 인덱스를 생성하지 않았습니다.
- OLTP[Online Transaction Processing] 환경에서 빈번하게 사용하는 SQL문이라면 반복적인 테이블 풀 스캔은 전체 시스템에 큰 부하를 주게 됩니다.

수행 시간

3.3초

B-2 실행 계획

ID	Operation	Name	Cost
0	SELECT STATEMENT		36570
1	SORT AGGREGATE		
2	HASH JOIN SEMI		36570
3	TABLE ACCESS FULL	TB_CUST	2760
4	TABLE ACCESS FULL	TB_ORD	33117

수행 순서(ID 기준)

3 → 4 → 2 → 1 → 0

실행 계획 설명

ID	설명
3	TB_CUST 테이블을 테이블 풀 스캔(TABLE ACCESS FULL)합니다.
4	TB_ORD 테이블을 테이블 풀 스캔(TABLE ACCESS FULL)합니다.
2	TB_CUST 테이블과 TB_ORD 테이블을 해시 세미 조인(HASH JOIN SEMI)합니다. 해시 세미 조인 방식은 옵티마이저가 판단한 조인 방식입니다. 조인 방법에 대한 힌트를 지정하지 않을 경우 조인 방식은 옵티마이저의 판단에 따릅니다(해시 세미 조인은 3장 2절과 3절 참고).
1	COUNT 함수 연산을 수행합니다.
0	SELECT절의 연산을 수행합니다.

C. 튜닝

C-1 인덱스 생성

TB_CUST 테이블에 CUST_NM 컬럼으로 구성된 인덱스를 생성합니다.

```
CREATE INDEX TB_CUST_IDX01 ON TB_CUST(CUST_NM);
```

TB_ORD 테이블에 CUST_ID와 PRDT_CD 컬럼으로 구성된 복합 인덱스를 생성합니다.

```
CREATE INDEX TB_ORD_IDX01 ON TB_ORD(CUST_ID, PRDT_CD);
```

C-2 통계정보 생성

신규로 생성한 인덱스에 대한 통계정보를 생성합니다.

```
ANALYZE INDEX TB_CUST_IDX01 COMPUTE STATISTICS;
ANALYZE INDEX TB_ORD_IDX01 COMPUTE STATISTICS;
```

C-3 튜닝 후 SQL문

```
1   SELECT /*+ INDEX(A TB_CUST_IDX01) */
2       COUNT(*)
3   FROM TB_CUST A
4   WHERE A.CUST_NM LIKE 'AB%'
5   AND EXISTS
6       (
7           SELECT /*+ INDEX(C TB_ORD_IDX01) NL_SJ */
8               '1'
9           FROM TB_ORD C
10          WHERE C.CUST_ID = A.CUST_ID
11          AND C.PRDT_CD LIKE 'AB%'
12      );
```

SQL 분석

1번째 줄 TB_CUST 테이블에 생성한 TB_CUST_IDX01 인덱스를 사용하도록 INDEX 힌트를 사용하였습니다. 이는 CUST_NM 조건을 인덱스 스캔하기 위한 조치입니다.

7번째 줄 TB_ORD 테이블의 TB_ORD_IDX01 인덱스를 사용하도록 INDEX 힌트를 사용하였습니다. 또한, 중첩 루프 세미 조인 Nested Loop Semi Join 할 수 있도록

NL_SJ 힌트를 사용하였습니다. 중첩 루르 세미 조인은 조건 만족 시 해당 조인 대상 행은 더 이상 스캔을 수행하지 않고 다음 행으로 넘어가는 조인 방식입니다(중첩 루프 세미 조인은 3장 1절과 3절 참고).

수행 시간

0.2초 (기존 3.3초)

C-4 실행 계획

ID	Operation	Name	Cost
0	SELECT STATEMENT		102794
1	SORT AGGREGATE		
2	NESTED LOOPS SEMI		102794
3	TABLE ACCESS BY INDEX ROWID	TB_CUST	2740
4	INDEX RANGE SCAN	TB_CUST_IDX01	30
5	INDEX RANGE SCAN	TB_ORD_IDX01	2

수행 순서(ID 기준)

4 → 3 → 5 → 2 → 1 → 0

실행 계획 설명

ID	설명
4	TB_CUST 테이블의 TB_CUST_IDX01 인덱스를 인덱스 범위 스캔(INDEX RANGE SCAN)합니다. '인덱스 범위 스캔'이란 수직적 탐색을 통해 인덱스 리프 블록의 특정 위치로 이동한 후 지정된 범위를 스캔하는 방식으로, 인덱스의 스캔 방식 중 가장 일반적인 방식이라고 할 수 있습니다.
3	TB_CUST 테이블의 TB_CUST_IDX01 인덱스는 CUST_NM으로 이루어진 인덱스입니다. 해당 인덱스 스캔 후 CUST_ID를 가져오기 위해 테이블 랜덤 액세스(TABLE ACCESS BY INDEX ROWID)합니다. TB_CUST 테이블의 기본키(Primary Key)가 CUST_ID긴 하지만, 여기서는 CUST_NM 컬럼으로 이루어진 인덱스를 스캔하였기 때문에 테이블 랜덤 액세스는 불가피합니다. TB_CUST_IDX01 인덱스의 구성을 'CUST_NM + CUST_ID' 컬럼으로 한다면 해당 테이블 랜덤 액세스 부하를 줄일 수 있습니다.
5	TB_CUST테이블의 CUST_ID 컬럼을 바탕으로 TB_ORD 테이블의 TB_ORD_IDX01 인덱스를 인덱스 범위 스캔(INDEX RANGE SCAN)하였습니다. TB_ORD_IDX01 인덱스는 'CUST_ID + PRDT_CD'로 구성되어서 별도로 테이블 랜덤 액세스하지 않았습니다.

ID	설명
2	TB_CUST 테이블을 기준으로 TB_ORD 테이블과 중첩 세미 조인(NESTED LOOPS SEMI) 합니다. 즉, TB_CUST 테이블을 기준으로 TB_ORD 테이블과의 조인 조건이 성립되면 해당 조인 대상 행에 대해 더는 스캔하지 않고 멈추게 됩니다(세미 조인에 대해서는 3장 3절 참고).
1	COUNT 함수 연산을 수행합니다.
0	SELECT절의 연산을 수행합니다.

D. 추가 튜닝

D-1 튜닝 관점

앞에서 설명한 튜닝 작업에서는 인덱스를 적절하게 생성하여 TB_CUST 테이블을 스캔하면서 중첩 루프 세미 조인으로 TB_ORD 테이블과 조인하였고, TB_ORD 테이블 스캔 시에도 효율적인 인덱스 스캔을 하였습니다. 하지만 이 SQL 문을 더욱 빠르게 하는 방법이 있습니다. 바로 인덱스 컬럼을 추가하여 테이블 랜덤 액세스를 없애고 인덱스 스캔만으로 데이터를 조회하는 기법입니다.

다음과 같이 TB_CUST_IDX01 인덱스를 재생성하고 통계정보를 생성합니다. TB_CUST_IDX01의 인덱스를 CUST_NM과 CUST_ID로 재생성하였는데, 이렇게 하면 별도의 테이블 랜덤 액세스를 하지 않고 TB_CUST_IDX01 인덱스만을 스캔하게 됩니다.

```
DROP INDEX TB_CUST_IDX01;
CREATE INDEX TB_CUST_IDX01 ON TB_CUST(CUST_NM, CUST_ID);
ANALYZE INDEX TB_CUST_IDX01 COMPUTE STATISTICS;
```

D-2 실행 계획

ID	Operation	Name	Cost
0	SELECT STATEMENT		3861
1	SORT AGGREGATE		

ID	Operation	Name	Cost
2	NESTED LOOPS SEMI		3861
3	INDEX RANGE SCAN	TB_CUST_IDX01	11
4	INDEX RANGE SCAN	TB_ORD_IDX01	2

수행 순서(ID 기준)

3 → 4 → 2 → 1 → 0

실행 계획 설명

ID	설명
3	TB_CUST 테이블의 TB_CUST_IDX01 인덱스를 인덱스 범위 스캔(INDEX RANGE SCAN) 합니다. CUST_ID 컬럼이 인덱스 컬럼에 추가되어 테이블 랜덤 액세스가 사라진 진 것이 튜닝 포인트입니다.
4	TB_ORD 테이블의 TB_ORD_IDX01 인덱스를 인덱스 범위 스캔(INDEX RANGE SCAN)합니다.
2	TB_CUST_IDX01 인덱스를 기준으로 TB_ORD_IDX01 인덱스와 중첩 루프 세미 조인(NESTED LOOPS SEMI) 합니다.
1	COUNT 함수 연산을 수행합니다.
0	SELECT절의 연산을 수행합니다.

실습 2-2 인덱스 구성 컬럼을 추가하여 테이블 랜덤 액세스 제거하기

A. 실습 준비

A-1 테이블 생성

TB_ORD 테이블을 생성합니다.

```
CREATE TABLE TB_ORD
(
    ORD_NO VARCHAR2(10),   --주문번호
    ORD_DT VARCHAR2(8),    --주문일자
    ORD_NM VARCHAR2(150),  --주문이름
```

```
    ORD_AMT NUMBER(15),    --주문금액
    PRDT_CD VARCHAR2(6),   --상품코드
    SALE_GB VARCHAR2(2),   --판매구분
    PAY_GB VARCHAR2(2),    --결제구분
    CUST_ID VARCHAR2(10),  --고객ID
    INST_DTM DATE,         --입력시간
    INST_ID VARCHAR2(50),  --입력자ID
    UPDT_DTM DATE,         --수정시간
    UPDT_ID VARCHAR2(5)    --수정자ID
);
```

A-2 데이터 입력

DUAL_5 테이블을 생성하여 데이터 복제에 이용합니다.

```
CREATE TABLE DUAL_5
(
    DUMMY VARCHAR2(1)
);

INSERT INTO DUAL_5
SELECT DUMMY
FROM DUAL CONNECT BY LEVEL <= 5;

COMMIT;
```

TB_ORD 테이블을 NOLOGGING 모드로 설정합니다.

```
ALTER TABLE TB_ORD NOLOGGING;
```

TB_ORD 테이블에 500만 건(5×1000000)을 입력합니다.

```
INSERT /*+ APPEND */  INTO TB_ORD  --APPEND 힌트 사용
SELECT
    LPAD(TO_CHAR(ROWNUM), 10, '0'),
    TO_CHAR(SYSDATE-TRUNC(DBMS_RANDOM.VALUE(1,3650)), 'YYYYMMDD'),
    DBMS_RANDOM.STRING('U', 150),
    TRUNC(DBMS_RANDOM.VALUE(1000, 100000)),
```

```
          LPAD(TO_CHAR(MOD(TRUNC(DBMS_RANDOM.VALUE(1, 1000)), 50)), 6, '0'),
          LPAD(TO_CHAR(MOD(TRUNC(DBMS_RANDOM.VALUE(1, 1000)), 10)), 2, '0'),
          LPAD(TO_CHAR(MOD(TRUNC(DBMS_RANDOM.VALUE(1, 1000)), 10)), 2, '0'),
          LPAD(TO_CHAR(TRUNC(DBMS_RANDOM.VALUE(1, 100000))), 10, '0'),
          SYSDATE,
          'DBMSEXPERT',
          NULL,
          NULL
  FROM DUAL_5, (SELECT LEVEL LV FROM DUAL CONNECT BY LEVEL <= 1000000);

  COMMIT;
```

A-3 기본키 생성

데이터를 입력한 후 기본키를 생성합니다.

```
ALTER TABLE TB_ORD
ADD CONSTRAINT TB_ORD_PK
PRIMARY KEY (ORD_NO);
```

A-4 인덱스 구성

TB_ORD 테이블에 'ORD_DT + ORD_NM + ORD_AMT'로 구성된 복합 인덱스를 생성합니다.

```
CREATE INDEX TB_ORD_IDX01 ON TB_ORD(ORD_DT, ORD_NM, ORD_AMT);
```

A-5 통계정보 생성

테이블과 인덱스에 대한 통계정보를 생성합니다.

```
ANALYZE TABLE TB_ORD COMPUTE STATISTICS
FOR TABLE FOR ALL INDEXES FOR ALL INDEXED COLUMNS SIZE 254;
```

B. 튜닝 전 상황

B-1 튜닝 전 SQL문

```
1   SELECT
2       ORD_DT,
3       SALE_GB,
4       PAY_GB,
5       COUNT(*) AS 주문건수,
6       SUM(ORD_AMT) AS 총주문금액,
7       ROUND(AVG(ORD_AMT), 2) AS 평균주문금액
8   FROM TB_ORD
9   WHERE
10      ORD_DT BETWEEN '20150101' AND '20151231' AND
11      ORD_NM LIKE 'A%' AND
12      ORD_AMT >= 1000
13  GROUP BY
14      ORD_DT, SALE_GB, PAY_GB
15  ORDER BY
16      ORD_DT, SALE_GB, PAY_GB;
```

SQL 분석

10번째 줄 ORD_DT 컬럼을 조건으로 주어 2015년의 주문 건을 검색합니다.

10~12번째 줄 'ORD_DT + ORD_NM + ORD_AMT'로 구성된 TB_ORD_IDX01 인덱스를 이용하게 됩니다.

SQL의 문제점

TB_ORD_IDX01 인덱스를 사용하여 효율적인 인덱스 스캔을 하고 있습니다. 하지만 SELECT절에 인덱스 컬럼이 아닌 다른 컬럼도 조회하고 있으므로 인덱스 스캔에 이은 테이블 랜덤 액세스 부하가 발생됩니다. 넓은 범위를 주로 조회하고 결과 건수가 많아진다면 DBMS에 큰 부하를 주게 됩니다.

수행 시간

0.9초

B-2 실행 계획

ID	Operation	Name	Cost
0	SELECT STATEMENT		24933
1	SORT GROUP BY		24933
2	TABLE ACCESS BY INDEX ROWID	TB_ORD	24931
3	INDEX RANGE SCAN	TB_ORD_IDX01	9856

수행 순서(ID 기준)

3 → 2 → 1 → 0

실행 계획 설명

ID	설명
3	TB_ORD 테이블의 TB_ORD_IDX01 인덱스를 인덱스 범위 스캔(INDEX RANGE SCAN)합니다.
2	TB_ORD_IDX01 인덱스의 리프 블록에 저장된 ROWID를 이용하여 테이블 랜덤 액세스 (TABLE ACCESS BY INDEX ROWID)를 수행합니다. 인덱스 스캔에서 조건에 만족하는 ROWID가 많다면 자연스레 테이블 랜덤 액세스 부하가 일어납니다.
1	ORDER BY와 GROUP BY 연산을 수행합니다.
0	SELECT절의 연산을 수행합니다.

C. 튜닝

C-1 인덱스 추가

'ORD_DT + ORD_NM + ORD_AMT + SALE_GB + PAY_GB 컬럼으로 구성된 인덱스를 신규로 생성하였습니다.

```
CREATE INDEX TB_ORD_IDX02 ON TB_ORD(ORD_DT, ORD_NM, ORD_AMT, SALE_GB, PAY_GB);
```

C-2 통계정보 생성

신규로 생성한 인덱스에 대한 통계정보를 생성합니다.

```
ANALYZE INDEX TB_ORD_IDX02 COMPUTE STATISTICS;
```

C-3 튜닝 후 SQL문

```
1   SELECT
2       /*+ INDEX(TB_ORD TB_ORD_IDX02) */
3       ORD_DT,
4       SALE_GB,
5       PAY_GB,
6       COUNT(*) AS 주문건수,
7       SUM(ORD_AMT) AS 총주문금액 ,
8       ROUND(AVG(ORD_AMT), 2) AS 평균주문금액
9   FROM TB_ORD
10  WHERE ORD_DT BETWEEN '20150101' AND '20151231'
11  AND ORD_NM LIKE 'A%'
12  AND ORD_AMT >= 1000
13  GROUP BY ORD_DT, SALE_GB, PAY_GB
14  ORDER BY ORD_DT, SALE_GB, PAY_GB;
```

SQL 분석

2번째 줄 TB_ORD 테이블의 TB_ORD_IDX02 인덱스를 사용하도록 INDEX 힌트를 사용하였습니다. 해당 인덱스에는 SALE_GB 컬럼과 PAY_GB 컬럼이 존재하기 때문에 테이블 랜덤 액세스를 생략할 수 있습니다. 테이블 랜덤 액세스가 사라졌다는 것은 인덱스 구성 컬럼만으로(인덱스 스캔만으로) SQL문의 요청 내용을 검색한 것을 뜻합니다.

수행 시간

0.1초(기존 0.9초)

C-4 실행 계획

ID	Operation	Name	Cost
0	SELECT STATEMENT		10645

ID	Operation	Name	Cost
1	SORT GROUP BY		10645
2	INDEX RANGE SCAN	TB_ORD_IDX02	10109

수행 순서(ID 기준)

2 → 1 → 0

실행 계획 설명

ID	설명
2	TB_ORD 테이블의 TB_ORD_IDX02 인덱스를 인덱스 범위 스캔(INDEX RANGE SCAN)합니다.
1	ORDER BY와 GROUP BY 연산을 수행합니다.
0	SELECT절의 연산을 수행합니다.

2.2 인덱스 풀 스캔 튜닝

2.2.1 인덱스 풀 스캔

인덱스도 하나의 객체Object입니다. 인덱스 스캔 후 인덱스 구성 컬럼만으로 결과 집합을 도출할 수 없는 경우 항상 테이블 랜덤 액세스가 일어나게 됩니다. 테이블 랜덤 액세스는 DBMS 성능의 큰 장애물입니다. 우리는 여기서 중요한 사실을 발견할 수 있습니다(해당 장에서 가장 중요한 핵심 이론이라 지속해서 강조하고 있습니다).

- 테이블 랜덤 액세스를 최소화합니다.
- Table Sequential Access를 최대화합니다.

인덱스 풀 스캔Index Full Scan은 인덱스라는 객체만을 풀 스캔하여 원하는 데이터를 가져오는 것으로, 인덱스 튜닝에서 매우 중요한 부분을 차지합니다.

2.2.2 인덱스 풀 스캔의 종류

오라클의 인덱스 풀 스캔은 다음 2종류가 있습니다.

- 인덱스 풀 스캔Index Full Scan
- 인덱스 패스트 풀 스캔Index Fast Full Scan

이 2가지 방법의 차이점을 설명하기 전에 꼭 짚고 넘어가야 할 부분이 있습니다. 오라클은 데이터를 가져올 때(Fetching) 항상 블록Block 단위로 가져오게 됩니다. 단 한 건의 행만 가져온다고 해도 해당 행이 속해 있는 블록 전체를 가져오게 됩니다(오라클은 한 블록당 8KB의 디스크 공간을 차지합니다). 이것이 바로 블록 단위 I/OInput/Output라고 합니다.

블록 단위 I/O에도 2가지 유형이 존재합니다.

- **싱글 블록 I/O 읽기**(Single Block I/O Read) 한 번의 읽기Read를 통해 한 개의 블록을 읽는 방식으로, 일반적인 인덱스 스캔 시 사용합니다. 사용자가 요청한 데이터 집합을 출력하기 위해 읽어야 하는 블록이 64개라면 64번의 I/O 읽기가 발생합니다. 또한, 한 번 읽은 블록들은 데이터 버퍼 캐시의 맨 앞쪽에 위치하여 비교적 긴 시간 동안 데이터 버퍼 캐시에 해당 결과가 남게 됩니다. 그래서 일정시간 동안은 동일한 SQL문 호출 시 빠른 속도로 사용자에게 데이터를 전달합니다. 즉, 자주 수행되는 SQL문에 매우 유리합니다.

- **멀티 블록 I/O 읽기**(Multi Block I/O Read) 한 번의 읽기를 통해 여러 개의 블록을 읽는 방식으로, 일반적으로 테이블 풀 스캔 시 사용합니다. 한 번의 읽기로 읽는 블록의 개수가 64개라면 단 한 번의 I/O 읽기로 64개의 블록을 모두 읽게 됩니다. 효율적인 인덱스 스캔이 아니라면 오히려 테이블 풀 스캔이 성능이 좋을 수 있는 이유가 바로 여기에 있습니다. 또한, 한 번 읽은 블록들은 데이터 버퍼 캐시의 맨 뒤쪽에 위치하여 잠시 후면 데이터 버퍼 캐시에서 사라져 동일한 SQL문 호출 시 같은 연산을 반복합니다. 즉, 빈번하게 호출되는 SQL문에는 부적합한 방법이 됩니다.

앞에서 설명한 것과 같이 인덱스 스캔 시 싱글 블록 I/O 읽기가 발생하고 테이블 풀 스캔 시(일반적으로) 멀티 블록 I/O 읽기가 발생합니다. 하지만 멀티 블록 I/O 읽기 방식을 인덱스 스캔에서도 사용할 수 있는 방법이 있습니다. 그것이 바로 인덱스 패스트 풀 스캔입니다. 하지만 인덱스 패스트 풀 스캔에도 치명적인 단점이 있습니다. 인덱스는 정렬된 상태를 유지하는 객체지만, 인덱스 패스트 풀 스캔을 통한 결과 집합은 인덱스에 기정렬되어 있는 데이터의 정렬을 보장하지 않습니다(별도의 소트 연산 발생). 그러므로 기정렬된 데이터를 검색하는 부분 범위 처리 방식 등에는 부적합하며 통계나 집계를 도출할 경우에는 매우 유용하게 사용할 수 있습니다.

다음은 2가지 인덱스 풀 스캔 방식을 비교한 표입니다.

표 2-1 인덱스 풀 스캔과 인덱스 패스트 풀 스캔의 비교

비교 대상	스캔방식	
	인덱스 풀 스캔	인덱스 패스트 풀 스캔
I/O발생 횟수	많음	적음
정렬된 순서	보장	보장하지 않음
데이터 버퍼 캐싱	데이터 버퍼 앞쪽에 위치 (빈번한 SQL 호출에 유리)	데이터 버퍼 뒤쪽에 위치 (빈번한 SQL 호출에 부적합)
스캔 속도	느림	빠름
용도	부분 범위 처리	집계성 결과

2.2.3 인덱스 풀 스캔 튜닝

인덱스 풀 스캔 튜닝은 인덱스를 풀 스캔하여 원하는 결과를 빠르게 가져오는 튜닝 기법으로, 다음의 상황에서 성능을 극대화할 수 있습니다.

- 인덱스 구성 컬럼만으로 결과를 도출할 수 있는 경우
- 인덱스 구성 컬럼을 추가하여 결과를 도출할 수 있는 경우 인덱스 컬럼 추가
- 부분 범위 처리 시 인덱스만 부분적으로 읽어서 성능 극대화(인덱스 풀 스캔일 경우만)

> **NOTE 멀티 블록 I/O 읽기 사용 시 주의점**
>
> 싱글 블록 I/O 읽기로 읽은 블록은 데이터 버퍼 캐시의 LRU^{Least Recently Used} 리스트 상 MRU^{Most Recently Used}쪽 End 위치에 존재하게 됩니다. 즉, 데이터 버퍼 캐시의 맨 앞쪽에 위치하므로 데이터 버퍼 캐시에 머무르는 시간이 깁니다. 이 방식은 실시간으로 반복적인 요청이 많을 경우 유리합니다. 반면에 멀티 블록 I/O 읽기로 읽은 블록은 데이터 버퍼 캐시의 LRU 리스트상 LRU End에 위치하게 됩니다. 즉, 데이터 버퍼 캐시의 맨 뒤쪽에 위치하므로 얼마 지나지 않아 데이터 버퍼 캐시에서 밀려 납니다. 따라서 멀티 블록 I/O 읽기 방식은 실시간으로 반복적인 요청이 있을 경우 싱글 블록 I/O 읽기보다 훨씬 더 많은 부하를 주게 됩니다. 정리하면, 멀티 블록 I/O 읽기 기반인 인덱스 패스트 풀 스캔은 집계 또는 통계성 쿼리에 적합하며 OLTP 환경에는 부적합합니다.

2.2.4 인덱스 풀 스캔 튜닝 관련 힌트

INDEX_FFS

(가) 설명

INDEX_FFS 힌트는 테이블 풀 스캔 대신 인덱스 패스트 풀 스캔을 유도합니다.

(나) 사용법

인덱스 패스트 풀 스캔을 유도할 테이블과 인덱스를 입력합니다.

```
SELECT /*+ IDNEX_FFS(테이블 인덱스) */
```

(다) 예제

INDEX_FFS 힌트를 사용함으로써 EMPNO 컬럼으로 된 인덱스를 인덱스 패스트 풀 스캔하게 됩니다. 주의해야 할 점은 EMPNO 컬럼의 결과 집합의 정렬을 보장하지 않는다는 점입니다.

```
SELECT /*+INDEX_FFS(EMP EMP_EMPNO)*/
EMPNO
FROM EMP
WHERE EMPNO > 200;
```

실습 2-3 인덱스 패스트 풀 스캔을 활용하여 집계결과 검색하기

A. 실습 준비

A-1 테이블 생성

TB_SUPP 테이블을 생성합니다.

```
CREATE TABLE TB_SUPP
(
    SUPP_NO VARCHAR2(10),  —공급업체번호
    SUPP_NM VARCHAR2(50),  —공급업체명
    INST_DT VARCHAR2(8),   —가입일자
    INST_TM VARCHAR2(6),   —가입시간
    INST_ID VARCHAR2(50)   —입력자ID
);
```

A-2 데이터 입력

DUAL_1000 테이블을 생성하여 데이터 복제에 이용합니다.

```
CREATE TABLE DUAL_1000
(
    DUMMY CHAR(1)
);
INSERT INTO DUAL_1000
SELECT DUMMY FROM DUAL CONNECT BY LEVEL <= 1000;

COMMIT;
```

TB_SUPP 테이블을 NOLOGGING 모드로 설정합니다.

```
ALTER TABLE TB_SUPP NOLOGGING;
```

TB_SUPP 테이블에 1,000만 건(1000×10000)의 데이터를 입력하였습니다.

```
INSERT /*+ APPEND */ INTO TB_SUPP  —APPEND 힌트 사용
```

```
SELECT
    LPAD(TO_CHAR(ROWNUM), 10, '0'),
    DBMS_RANDOM.STRING('U', 50),
    TO_CHAR(SYSDATE - DBMS_RANDOM.VALUE(1, 3650), 'YYYYMMDD'),
    TO_CHAR(SYSDATE - DBMS_RANDOM.VALUE(1, 86400)/24/60/60, 'HH24MISS'),
    'DBMSEXPERT'
FROM DUAL_1000, (SELECT LEVEL LV FROM DUAL CONNECT BY LEVEL <= 10000);
```

A-3 기본키 생성

데이터를 입력한 후 기본키를 생성합니다.

```
ALTER TABLE TB_SUPP
ADD CONSTRAINT TB_SUPP_PK
PRIMARY KEY (SUPP_NO);
```

A-4 인덱스 생성

INST_DT 컬럼으로 구성된 인덱스를 생성합니다.

```
CREATE INDEX TB_SUPP_IDX01 ON TB_SUPP(INST_DT);
```

A-5 통계정보 생성

테이블과 인덱스에 대한 통계정보를 생성합니다.

```
ANALYZE TABLE TB_SUPP COMPUTE STATISTICS
FOR TABLE FOR ALL INDEXES FOR ALL INDEXED COLUMNS SIZE 254;
```

B. 튜닝 전 상황

B-1 SQL문

```
1  SELECT
2    /*+ INDEX(TB_SUPP TB_SUPP_IDX01) */
3    SUBSTR(INST_DT, 1, 6),
```

```
4      COUNT(*)
5    FROM TB_SUPP
6    WHERE INST_DT BETWEEN
7    TO_CHAR(SYSDATE - 365, 'YYYYMMDD')
8    AND TO_CHAR(SYSDATE, 'YYYYMMDD')
9    AND SUPP_NM LIKE '%A%'
10   GROUP BY SUBSTR(INST_DT, 1, 6);
```

SQL 분석

2번째 줄 INDEX 힌트를 사용하여 TB_SUPP_IDX01 인덱스 스캔을 합니다.

6~8번째 줄 INST_DT 조건을 주어 최근 1년간 가입된 공급업체를 검색합니다.

9번째 줄 SUPP_NM 컬럼에 'A'라는 문자가 포함된 모든 공급업체를 검색합니다.

SQL의 문제점

해당 SQL은 인덱스 범위 스캔을 통한 테이블 랜덤 액세스 부하가 존재합니다.

수행 시간

35.4초

B-2 실행 계획

ID	Operation	Name	Cost
0	SELECT STATEMENT		979847
1	HASH GROUP BY		979847
2	FILTER		
3	TABLE ACCESS BY INDEX ROWID	TB_SUPP	979844
4	INDEX RANGE SCAN	TB_SUPP_IDX01	2766

수행 순서(ID 기준)

4 → 3 → 2 → 1 → 0

실행 계획 설명

ID	설명
4	TB_SUPP_IDX01 인덱스를 인덱스 범위 스캔(INDEX RANGE SCAN)합니다.
3	TB_SUPP_IDX01 인덱스의 리프 블록에 있는 ROWID를 이용하여 테이블 랜덤 액세스(TABLE ACCESS BY INDEX ROWID)를 수행합니다.
2	해당 테이블에서 SUPP_NM 컬럼 조건에 대하여 필터링합니다.
1	GROUP BY 연산을 수행합니다.
0	SELECT절의 연산을 수행합니다.

C. 튜닝

C-1 인덱스 추가

TB_SUPP_X02 인덱스를 추가하여 인덱스 스캔만으로 결과 집합을 도출할 수 있게 조치합니다.

```
CREATE INDEX TB_SUPP_X02 ON TB_SUPP(INST_DT, SUPP_NM);
```

C-2 통계정보 생성

신규로 생성한 TB_SUPP_X02 인덱스의 통계정보를 생성하였습니다.

```
ANALYZE INDEX TB_SUPP_X02 COMPUTE STATISTICS;
```

C-3 튜닝 후 SQL

```
1  SELECT /*+ INDEX_FFS(TB_SUPP TB_SUPP_IDX02) */
2      SUBSTR(INST_DT, 1, 6),
3      COUNT(*)
4    FROM TB_SUPP
5   WHERE INST_DT BETWEEN
6      TO_CHAR(SYSDATE - 365, 'YYYYMMDD')
7      AND TO_CHAR(SYSDATE, 'YYYYMMDD')
8      AND INSTR(SUPP_NM, 'A') > 0
9   GROUP BY SUBSTR(INST_DT, 1, 6);
```

SQL 분석

1번째 줄 INDEX_FFS 힌트를 이용하여 TB_SUPP_IDX02 인덱스를 인덱스 패스트 풀 스캔합니다. 즉, TB_SUPP_IDX02 인덱스만 멀티 블록 I/O 읽기로 빠르게 스캔합니다. 이로 인해 DBMS 성능 부하의 주범인 테이블 랜덤 액세스가 사라졌습니다.

수행 시간

8.2초(기존 35.4초)

C-4 실행 계획

ID	Operation	Name	Cost
0	SELECT STATEMENT		27088
1	HASH GROUP BY HASH GROUP BY		27088
2	FILTER		
3	INDEX FAST FULL SCAN	TB_SUPP_IDX02	27084

수행 순서(ID 기준)

3 → 2 → 1 → 0

실행 계획 설명

ID	설명
3	TB_ORD_IDX02 인덱스를 이용하여 인덱스 패스트 풀 스캔(INDEX FAST FULL SCAN)을 합니다.
2	TB_ORD_IDX02 인덱스에서 SUPP_NM 컬럼 조건에 대한 조건 값을 필터링합니다.
1	GROUP BY 연산을 수행합니다.
0	SELECT절의 연산을 수행합니다.

2.3 테이블 풀 스캔 튜닝

2.3.1 선택도

인덱스 스캔이 테이블 풀 스캔보다 무조건 유리하다고 알고 있는 개발자가 많습니다. 이러한 이유로 실행 계획에 테이블 풀 스캔에 대한 정보만 나오지 않으면 성능이 좋은 쿼리로 생각하고 운영 장비에 해당 SQL문을 적용합니다. 하지만 인덱스 스캔이 테이블 풀 스캔에 비해 반드시 유리한 것은 아닙니다.

'SEX'라는 컬럼이 있다고 가정할 경우 성별은 '남' 또는 '여'만 존재합니다. 해당 컬럼을 인덱스로 생성하여 인덱스 스캔을 수행할 경우 테이블 전체 행들의 50%에서 인덱스 스캔을 통한 테이블 랜덤 액세스가 발생하게 됩니다. 또한, 일반적인 인덱스 스캔은 싱글 블록 I/O 읽기인데 테이블 풀 스캔은 멀티 블록 I/O 읽기입니다. 이러한 2가지 이유로 인해 'SEX'라는 컬럼을 조건절에 조건을 주어 스캔할 경우 인덱스 스캔보다 테이블 풀 스캔이 더 유리합니다.

앞에서 설명한 SEX 컬럼의 선택도는 50%인데, 이 선택도^{Selectivity}를 구하는 공식은 다음과 같습니다.

선택도(Selectivity) 구하는 공식

선택도(%) = (1 /Distinct Value)×100

2.3.2 인덱스 손익 분기점

인덱스 손익 분기점은 인덱스 스캔보다 테이블 풀 스캔이 유리한 선택도의 수치를 의미합니다. 일반적으로 선택도가 15%보다 크다면 테이블 풀 스캔이 유리하고 그 이하라면 인덱스 스캔이 더 유리합니다.

2.3.3 테이블 풀 스캔 튜닝

테이블 풀 스캔 튜닝은 선택도가 높은 컬럼의 인덱스를 사용하여 인덱스 스캔을 하는 SQL문을 강제로 테이블 풀 스캔으로 처리하도록 하는 기법입니다. 즉, 손익 분기점을 넘어 인덱스 스캔하기에는 비효율적인 SQL을 강제로 테이블 풀 스캔을 하도록 처리하는 것입니다.

실습 2-4 테이블 풀 스캔을 유도하여 비효율적인 인덱스 스캔 예방하기

A. 실습 준비

A-1 테이블 생성

TB_ORD 테이블을 생성합니다.

```
CREATE TABLE TB_ORD
(
    ORD_NO VARCHAR2(10),   --주문번호
    ORD_DT VARCHAR2(8),    --주문일자
    ORD_NM VARCHAR2(150),  --주문이름
    ORD_AMT NUMBER(15),    --주문금액
    PRDT_CD VARCHAR2(6),   --상품코드
    SALE_GB VARCHAR2(2),   --판매구분
    PAY_GB VARCHAR2(2),    --결제구분
    CUST_ID VARCHAR2(10),  --고객ID
    INST_DTM DATE,         --입력시간
    INST_ID VARCHAR2(50),  --입력자ID
    UPDT_DTM DATE,         --수정시간
    UPDT_ID VARCHAR2(5),   --수정자ID
);
```

A-2 데이터 입력

DUAL_1000 테이블을 생성하여 데이터 복제에 이용합니다.

```
CREATE TABLE DUAL_1000
(
```

```
DUMMY CHAR(1)
);
INSERT INTO DUAL_1000
SELECT DUMMY FROM DUAL CONNECT BY LEVEL <= 1000;

COMMIT;
```

TB_ORD 테이블을 NOLOGGING 모드로 설정합니다.

```
ALTER TABLE TB_ORD NOLOGGING;
```

TB_ORD 테이블에 1,000만 건(1000×10000)의 데이터를 입력합니다. SALE_GB는 '00', '01', '02' 3개 중 하나의 값으로 구성되므로 선택도는 33.33%가 됩니다(MOD 함수 사용).

```
INSERT /*+ APPEND */ INTO TB_ORD —APPEND 힌트 사용
SELECT
    LPAD(TO_CHAR(ROWNUM), 10, '0'),
    TO_CHAR(SYSDATE-TRUNC(DBMS_RANDOM.VALUE(1, 3650)), 'YYYYMMDD'),
    DBMS_RANDOM.STRING('U', 150),
    TRUNC(DBMS_RANDOM.VALUE(1000, 100000)),
    LPAD(TO_CHAR(MOD(TRUNC(DBMS_RANDOM.VALUE(1, 1000)), 50)), 6, '0'),
    LPAD(TO_CHAR(MOD(TRUNC(DBMS_RANDOM.VALUE(1, 1000)), 3)), 2, '0'), — SALE_GB
    LPAD(TO_CHAR(MOD(TRUNC(DBMS_RANDOM.VALUE(1, 1000)), 10)), 2, '0'),
    LPAD(TO_CHAR(TRUNC(DBMS_RANDOM.VALUE(1, 100000))), 10, '0'),
    SYSDATE,
    'DBMSEXPERT',
    NULL,
    NULL
FROM DUAL_1000, (SELECT LEVEL LV FROM DUAL CONNECT BY LEVEL <= 10000);

COMMIT;
```

A-3 기본키 생성

데이터를 입력한 후 기본키를 생성합니다.

```
ALTER TABLE TB_ORD
ADD CONSTRAINT TB_ORD_PK
PRIMARY KEY(ORD_NO);
```

A-4 선택도

SALE_GB 컬럼의 선택도는 33.33%입니다.

```
SELECT
ROUND(1/COUNT(DISTINCT SALE_GB) * 100, 2) 선택도
FROM TB_ORD;
```

A-5 인덱스 생성

SALE_GB 컬럼으로 구성된 인덱스를 생성하였습니다.

```
CREATE INDEX TB_ORD_IDX01 ON TB_ORD(SALE_GB);
```

A-6 통계정보 생성

테이블과 인덱스에 대한 통계정보를 생성합니다.

```
ANALYZE TABLE TB_ORD COMPUTE STATISTICS
FOR TABLE FOR ALL INDEXES FOR ALL INDEXED COLUMNS SIZE 254;
```

B. 튜닝 전 상황

B-1 튜닝 전 SQL문

```
1  SELECT
2  /*+ INDEX(TB_ORD TB_ORD_IDX01) */
3  *
4  FROM TB_ORD
5  WHERE SALE_GB IN ('01', '02');
```

SQL 분석

2번째 줄 INDEX 힌트를 사용하여 TB_ORD_IDX01 인덱스 스캔을 하도록 유도합니다.

SQL 문제점

SALE_GB 컬럼은 33.33%로 선택도가 높은 컬럼임에도 인덱스 스캔을 하였습니다. 테이블 풀 스캔은 테이블 랜덤 액세스를 하지 않으므로 이런 경우에는 오히려 테이블 풀 스캔이 더 성능이 좋습니다. 인덱스 스캔 시 싱글 블록 I/O 읽기를 하게 되면 테이블 랜덤 액세스를 하므로 성능 부하가 있는 SQL문이 됩니다. 이런 경우에는 인덱스 스캔을 한다고 하더라도 반드시 효율적인 SQL문이라고 볼 수 없습니다.

수행 시간

3분 53초

B-2 실행 계획

ID	Operation	Name	Cost
0	SELECT STATEMENT		637267
1	INLIST ITERATOR		
2	TABLE ACCESS BY INDEX ROWID	TB_ORD	637267
3	INDEX RANGE SCAN	TB_ORD_IDX01	12009

수행 순서(ID 기준)

3 → 2 → 1 → 0

실행 계획 설명

ID	설명
3	TB_ORD 테이블을 인덱스 범위 스캔(INDEX RANGE SCAN)합니다.
2	TB_ORD_IDX01 인덱스 스캔 후 나온 ROWID를 이용하여 테이블 랜덤 액세스(TABLE ACCESS BY INDEX ROWID)를 수행합니다.

ID	설명
1	IN 조건 안에 있는 SALE_GB 컬럼의 값을 기준으로 ID 3번과 2번을 반복하게 됩니다. IN 조건을 사용할 경우 오라클은 내부적으로 IN절 안에 있는 값을 기준으로 반복해서 비교하게 됩니다. 즉, 처음에는 SALE_GB = '01'로 비교하고 다음에는 SALE_GB = '02'로 비교하게 됩니다. '=' 연산으로 N번 비교하는 것이 특징이며 이러한 연산을 인 리스트 반복자 (INLIST ITERATOR)라고 합니다.
0	SELECT절의 연산을 수행합니다.

C. 튜닝

C-1 튜닝 후 SQL문

```
1  SELECT /*+ FULL(TB_ORD) */
2  *
3  FROM TB_ORD
4  WHERE SALE_GB IN ('01', '02');
```

SQL 분석

1번째 줄 TB_ORD 테이블을 풀 스캔하기 위해서 FULL 힌트를 주었습니다. 테이블 전체를 멀티 블록 I/O 읽기 방식으로 읽었으며 테이블 랜덤 액세스도 발생하지 않아 TB_ORD_IDX01 인덱스를 사용한 인덱스 스캔보다 성능이 빨라졌습니다.

수행 시간

1분 32초(기존 3분 53초)

C-2 실행 계획

ID	Operation	Name	Cost
0	SELECT STATEMENT		85300
1	TABLE ACCESS FULL	TB_ORD	85300

수행 순서(ID 기준)

1 → 0

실행 계획 설명

ID	설명
4	TB_ORD 테이블을 테이블 풀 스캔(TABLE ACCESS FULL)합니다.
3	SELECT절의 연산을 수행합니다.

chapter 3
조인 튜닝

DBMS 환경에서 시스템을 개발할 때 필연적으로 테이블 간의 조인이 필요하게 됩니다. '조인Join'이란 2개 이상의 테이블에서 특정 조건에 의해 데이터를 검색하는 방법을 말합니다. 오라클에서 제공하는 조인 방식은 크게 3가지로, 중첩 루프 조인Nested Loop Join과 해시 조인Hash Join, 소트 머지 조인Sort Merge Join이 있습니다. 이 중에서 널리 사용하는 방식은 중첩 루프 조인과 해시 조인이며 소트 머지 조인은 거의 사용하지 않는 추세입니다.

이번 장에서는 중첩 루프 조인과 해시 조인의 튜닝 기법에 대해 상세하게 알아보고 더 나아가 세미 조인Semi Join 튜닝에 대해서도 살펴보겠습니다. 또한, 실무에서 복잡한 SQL문에 빈번하게 사용하는 아우터 조인Outer Join 튜닝에 대해서도 상세하게 알아봅니다. 이번 장을 확실히 이해한다면 향후 조인 SQL문 작성 시 성능을 고려한 SQL문 작성이 가능합니다.

3.1 중첩 루프 조인 튜닝

3.1.1 중첩 루프 조인

중첩 루프 조인Nested Loop Join은 프로그래밍에서 중첩 반복문이라고 보면 되는데, 이 조인은 A라는 집합을 한건 한건씩 읽어가면서 해당 결과를 바탕으로 B 집합에서 데이터를 찾아가게 됩니다. 데이터를 한건 한건씩 찾아나가기(이로 인해 테이블 랜덤 액세스 부하가 발생) 때문에 대용량 테이블을 중첩 루프 조인한다면 성능에 큰 부하를 주게 됩니다. 하지만 그와는 반대로 효율적인 인덱스 스캔을 한다면 대용량 테이블에서도 극적인 성능으로 원하는 데이터를 조회할 수 있습니다(부분 범위 처리 가능).

> **NOTE 중첩 루프 조인의 원리**
> 반복 : A 테이블에서 조건에 맞는 행을 스캔
>   반복 : B 테이블에서 조건에 맞는 행을 스캔
>   A 테이블과 B 테이블의 조인 조건이 일치한다면
>   해당 행을 결과 집합에 포함

3.1.2 Outer 테이블과 Inner 테이블

'Outer 테이블'은 중첩 루프 조인에서 가장 먼저 스캔하는 테이블을 뜻합니다. 다른 용어로 'Driving 테이블'이라고도 합니다. Outer 테이블의 스캔 건수가 적을수록 중첩 루프 조인 시 유리합니다. 이는 Outer 테이블의 스캔 결과 건수만큼 Inner 테이블에 대한 스캔을 반복하기 때문입니다.

'Inner 테이블'은 중첩 루프 조인에서 두 번째로 스캔하는 테이블을 뜻합니다. 다른 용어로 'Driven 테이블'이라고도 합니다. Inner 테이블은 Outer 테이블보다 결과 건수가 많아야(즉, Outer 테이블의 결과 건수가 적어야) 중첩 루프 조인 시 유리합니다. 또한, Inner 테이블을 스캔할 때 효율적인 인덱스 스캔을 하지 못한다면 Outer 테이블의 결과 건수만큼 Inner 테이블을 테이블 풀 스캔하게 되어 DBMS 전체 시스템에 큰 부하를 주게 됩니다.

3.1.3 인라인 뷰

인라인 뷰^{Inline View}란 FROM절 내에 소괄호 '( )'로 감싸져 있는 SELECT문을 뜻합니다. 인라인 뷰 내에 있는 SELECT문의 결과는 마치 하나의 테이블과 같은 개념이 됩니다. 다음의 예제로 자세히 살펴보겠습니다.

```
SELECT *
FROM
    DEPT A,
    (
        SELECT DEPTNO
        FROM EMP
    ) B
WHERE
    A.DEPTNO = B.DEPTNO;
```

앞의 예제에서 'B'로 감싸져 있는 SELECT문을 인라인 뷰 내에 존재하는 SELECT 문이라고 부릅니다. 즉, 집합 B를 하나의 테이블(집합)로 취급하게 됩니다.

이 SQL에서 옵티마이저가 집합 B를 DEPT 테이블(메인쿼리에 존재)과 같은 레벨로 올라가도록 병합하는 것을 'View Merging'이라고 부르며 집합 B가 DEPT 테이블과 같은 레벨로 올라가지 않도록 막는 것을 'View No Merging'이라고 부릅니다. 비용기반 옵티마이저는 일반적으로 인라인 뷰를 View Merging하여 DEPT와 같은 레벨로 취급하는 특성이 있습니다(쿼리 변환). 두 개의 테이블이 논리적으로 같은 레벨에 존재하면 옵티마이저는 더 많은 접근 경로(Access Path)를 통해 다양한 실행 계획들을 비교하고 평가하게 되므로 최적의 실행 계획을 도출해 낼 수 있습니다.

3.1.4 중첩 루프 조인 튜닝

다음 2가지 사항을 지키지 않는 SQL문을 튜닝하는 모든 일련의 활동을 중첩 루프 조인 튜닝이라고 합니다.

- Outer 테이블의 결과 집합이 작아야 합니다.
- Inner 테이블 스캔 시 반드시 효율적인 인덱스 스캔이 이루어져야 합니다.

3.1.5 중첩 루프 조인 튜닝 관련 힌트

LEADING

(가) 설명

LEADING 힌트는 2개 이상의 테이블 조인 시 첫 번째로 스캔할 테이블을 지정하는 힌트입니다.

(나) 사용법

가장 먼저 스캔할 테이블을 지정합니다.

```
SELECT /*+ LEADING(테이블) */
```

(다) 예제

LEADING 힌트를 이용하여 DEPT 테이블을 선행 테이블로 지정합니다. 이 SQL문이 어떤 조인 방식으로 동작할지는 오라클의 옵티마이저가 정하게 됩니다.

```
SELECT /*+ LEADING(A) */
*
FROM DEPT A,
EMP B
WHERE A.DEPTNO = 10
AND A.DEPTNO = B.DEPTNO;
```

USE_NL

(가) 설명

USE_NL 힌트는 중첩 루프 조인을 유도하는 힌트입니다. 해당 힌트의 인자 값은 Inner 테이블을 지정합니다.

(나) 사용법

입력한 테이블을 Inner 테이블로 지정하여 중첩 루프 조인을 수행합니다.

```
SELECT /*+ USE_NL(테이블) */
```

(다) 예제

LEADING 힌트를 이용하여 ACCOUNTS 테이블을 Outer 테이블로 지정하고 CUSTOMERS 테이블을 Inner 테이블로 지정하여 중첩 루프 조인 연산을 수행하게 하는 SQL입니다.

```
SELECT /*+ LEADING(ACCOUNTS) USE_NL(CUSTOMERS) */
    ACCOUNTS.BALANCE,
    CUSTOMERS.LAST_NAME,
    CUSTOMERS.FIRST_NAME
FROM
    ACCOUNTS, CUSTOMERS
WHERE
    ACCOUNTS.CUSTNO = CUSTOMERS.CUSTNO;
```

MERGE

(가) 설명

MERGE 힌트는 인라인 뷰로 감싸져 있는 SQL을 메인쿼리와 같은 레벨로 병합하는 역할을 합니다. View Merging함으로써 오라클의 옵티마이저는 더 많은 접근 경로를 가지게 됩니다.

(나) 사용법

지정한 뷰를 메인쿼리와 같은 레벨로 합니다.

```
SELECT /*+ MERGE(뷰) */
```

(다) 예제

MERGE 힌트를 사용함으로써 인라인 뷰인 V를 View Merging하여 E1 테이블과 E2 테이블이 같은 레벨이 됩니다. 그 후 오라클의 옵티마이저는 다양한 접근 경로를 도출하게 됩니다.

```
SELECT /*+MERGE(V)*/
    E1.ENAME, E1.SAL, V.AVG_SAL
FROM
    EMP E1,
    (SELECT
        DEPTNO, AVG(SAL) AVG_SAL
        FROM EMP E2
        GROUP BY DEPTNO) V
WHERE
    E1.DEPTNO = V.DEPTNO AND
    E1.SAL > V.AVG_SAL;
```

NO_MERGE

(가) 설명

NO_MERGE 힌트는 인라인 뷰로 감싸져 있는 SQL이 메인쿼리와 같은 레벨로 병합되는 것을 방지합니다. No Merging됨으로써 인라인 뷰에 있는 SQL은 독립적으로 수행됩니다.

(나) 사용법

지정한 뷰가 메인쿼리와 같은 레벨로 병합되는 것을 방지합니다.

```
SELECT /*+ NO_MERGE(뷰) */
```

(다) 예제

NO_MERGE 힌트를 사용함으로써 DALLASDEPT 뷰가 인라인 뷰 내에서 수행되도록 합니다. 인라인 뷰인 DALLASDEPT 뷰가 수행 완료되면 DALLASDEPT 뷰의 결과와 E1 테이블을 조인으로 처리하게 됩니다.

```
SELECT /*+NO_MERGE(DALLASDEPT)*/
    E1.ENAME,
```

```
        DALLASDEPT.DNAME
FROM
    EMP E1,
     (SELECT
         DEPTNO, DNAME
     FROM DEPT
     WHERE
         LOC = 'DALLAS') DALLASDEPT
WHERE
    E1.DEPTNO = DALLASDEPT.DEPTNO;
```

실습 3-1 효율적인 중첩 루프 조인으로 결과 도출하기

A. 실습 준비

A-1 테이블 생성

TB_CUST 테이블을 생성합니다.

```
CREATE TABLE TB_CUST
(
    CUST_ID VARCHAR2(10), —고객ID
    CUST_NM VARCHAR2(50), —고객명
    BIRTH_DT VARCHAR2(8), —생일
    SEX VARCHAR2(2),  —성별
    PHONE_NO VARCHAR2(11), —폰번호
    JOIN_DT VARCHAR2(8), —가입일자
    INST_DTM DATE, —입력일시
    INST_ID VARCHAR2(50), —입력자ID
    UPDT_DTM DATE, —수정일시
    UPDT_ID VARCHAR2(50) — 수정자ID
);
```

TB_ORD 테이블을 생성합니다.

```
CREATE TABLE TB_ORD
(
    ORD_NO VARCHAR2(10), —주문번호
```

```
    ORD_DT VARCHAR2(8),    --주문일자
    ORD_NM VARCHAR2(150),  --주문이름
    ORD_AMT NUMBER(15),    --주문금액
    PRDT_CD VARCHAR2(6),   --상품코드
    SALE_GB VARCHAR2(2),   --판매구분
    PAY_GB VARCHAR2(2),    --결제구분
    CUST_ID VARCHAR2(10),  --고객ID
    INST_DTM DATE,         --입력시간
    INST_ID VARCHAR2(50),  --입력자ID
    UPDT_DTM DATE,         --수정시간
    UPDT_ID VARCHAR2(5)    --수정자ID
);
```

A-2 데이터 입력

TB_ORD 테이블에 10만 건의 데이터를 입력합니다.

```
INSERT INTO TB_CUST
SELECT
LPAD(TO_CHAR(ROWNUM), 10, '0'),
DBMS_RANDOM.STRING('U', 50),
TO_CHAR(SYSDATE - TRUNC(DBMS_RANDOM.VALUE(3650, 36500)), 'YYYYMMDD'),
LPAD(MOD(ROWNUM, 2), 2, '0'),
LPAD(TO_CHAR(TRUNC(DBMS_RANDOM.VALUE(3650, 36500))), 11, '0'),
TO_CHAR(SYSDATE - TRUNC(DBMS_RANDOM.VALUE(1, 365*3)), 'YYYYMMDD'),
SYSDATE,
'DBMSEXPERT',
NULL,
NULL
FROM DUAL CONNECT BY LEVEL <= 100000;

COMMIT;
```

DUAL_10 테이블을 생성하여 데이터 복제에 이용합니다.

```
CREATE TABLE DUAL_10
(
    DUMMY VARCHAR2(1)
);
```

```
INSERT INTO DUAL_10
SELECT DUMMY
FROM DUAL CONNECT BY LEVEL <= 10;

COMMIT;
```

TB_ORD 테이블을 NOLOGGING 모드로 설정합니다.

```
ALTER TABLE TB_ORD NOLOGGING;
```

TB_ORD 테이블에 100만 건의 데이터를 입력합니다.

```
INSERT /*+ APPEND */ INTO TB_ORD --APPEND 힌트 사용
SELECT
    LPAD(TO_CHAR(ROWNUM), 10, '0'),
    TO_CHAR(SYSDATE-TRUNC(DBMS_RANDOM.VALUE(1, 3650)), 'YYYYMMDD'),
    DBMS_RANDOM.STRING('U', 150),
    TRUNC(DBMS_RANDOM.VALUE(1000, 100000)),
    LPAD(TO_CHAR(MOD(TRUNC(DBMS_RANDOM.VALUE(1, 1000)), 50)), 6, '0'),
    LPAD(TO_CHAR(MOD(TRUNC(DBMS_RANDOM.VALUE(1, 1000)), 3)), 2, '0'),
    LPAD(TO_CHAR(MOD(TRUNC(DBMS_RANDOM.VALUE(1, 1000)), 10)), 2, '0'),
    CUST_ID,
    SYSDATE,
    'DBMSEXPERT',
    NULL,
    NULL
FROM TB_CUST, DUAL_10;

COMMIT;
```

A-3 기본키 생성

데이터를 입력한 후 기본키를 생성합니다.

```
ALTER TABLE TB_ORD
ADD CONSTRAINT TB_ORD_PK
PRIMARY KEY(ORD_NO);

ALTER TABLE TB_CUST
```

```
ADD CONSTRAINT TB_CUST_PK
PRIMARY KEY(CUST_ID);
```

A-4 외래키 생성

```
ALTER TABLE TB_ORD
ADD CONSTRAINT TB_ORD_FK
FOREIGN KEY (CUST_ID) REFERENCES TB_CUST(CUST_ID);
```

- 한 명의 고객은 0개 혹은 1개 이상의 주문을 가질 수 있습니다.
- 하나의 주문은 반드시 한 명의 고객을 가집니다.

A-5 인덱스 구성

TB_ORD 테이블에 'ORD_DT + ORD_NM'으로 구성된 복합 인덱스를 생성합니다.

```
CREATE INDEX TB_ORD_IDX01 ON TB_ORD(ORD_DT, ORD_NM);
```

A-6 통계정보 생성

테이블과 인덱스에 대한 통계정보를 생성합니다.

```
ANALYZE TABLE TB_CUST COMPUTE STATISTICS
FOR TABLE FOR ALL INDEXES FOR ALL INDEXED COLUMNS SIZE 254;

ANALYZE TABLE TB_ORD COMPUTE STATISTICS
FOR TABLE FOR ALL INDEXES FOR ALL INDEXED COLUMNS SIZE 254;
```

B. 튜닝 전 상황

B-1 튜닝 전 SQL문

```
1   SELECT
2   /*+ LEADING(A) USE_NL(B) */
3   *
```

```
4   FROM TB_CUST A, TB_ORD B
5   WHERE A.CUST_NM LIKE 'L%'
6   AND A.CUST_ID = B.CUST_ID
7   AND B.ORD_DT BETWEEN
8   TO_CHAR(SYSDATE-365, 'YYYYMMDD')
9   AND TO_CHAR(SYSDATE, 'YYYYMMDD');
```

SQL 분석

2번째 줄 오라클의 LEADING 힌트를 이용하여 TB_CUST 테이블을 Outer 테이블로 설정합니다. 또한, USE_NL 힌트를 이용하여 TB_ORD 테이블과 중첩 루프 조인이 이루어지게 합니다.

6번째 줄 TB_CUST 테이블과 TB_ORD 테이블을 CUST_ID로 '=' 조인하였습니다. TB_ORD 테이블에 CUST_ID를 선두 컬럼으로 한 인덱스가 존재하지 않으므로 TB_ORD 테이블은 테이블 풀 스캔으로 처리됩니다.

SQL 문제점

TB_ORD 테이블에 CUST_ID를 선두 컬럼으로 구성된 인덱스가 존재하지 않습니다. 이러한 상황에서는 TB_CUST 테이블의 결과 집합의 건수만큼 TB_ORD 테이블을 테이블 풀 스캔하게 됩니다.

수행 시간

12분 55초

B-2 실행 계획

ID	Operation	Name	Cost
0	SELECT STATEMENT		43M
1	FILTER		
2	NETSTED LOOPS		
3	TABLE ACCESS FULL	TB_CUST	480
4	TABLE ACCESS FULL	TB_ORD	8617

수행 순서(ID 기준)

3 → 4 → 2 → 1 → 0

실행 계획 설명

ID	설명
3	TB_CUST 테이블을 테이블 풀 스캔(TABLE ACCESS FULL)합니다.
4	TB_ORD 테이블을 테이블 풀 스캔(TABLE ACCESS FULL)합니다.
2	TB_CUST 테이블과 TB_ORD 테이블을 중첩 루프 조인(NESTED LOOPS)합니다. 즉, TB_CUST의 결과 집합의 건수만큼 TB_ORD 테이블을 테이블 풀 스캔하게 됩니다.
1	조건 절에 조건에 따른 필터링 처리를 합니다.
0	SELECT절의 연산을 수행합니다.

C. 튜닝

C-1 인덱스 구성

```
CREATE INDEX TB_CUST_IDX01 ON TB_CUST(CUST_NM);
CREATE INDEX TB_ORD_IDX02 ON TB_ORD(CUST_ID, ORD_DT);
```

- Outer 테이블인 TB_CUST 테이블의 효율적인 스캔을 위하여 CUST_NM 컬럼으로 구성된 인덱스를 추가하였습니다.
- Inner 테이블의 효율적인 스캔을 위하여 'CUST_ID + ORD_DT' 컬럼으로 구성된 복합 인덱스를 생성하였습니다.

C-2 통계정보 생성

신규로 생성한 인덱스에 대한 통계정보를 생성합니다.

```
ANALYZE INDEX TB_CUST_IDX01 COMPUTE STATISTICS;
ANALYZE INDEX B_ORD_IDX02 COMPUTE STATISTICS;
```

C-3 튜닝 후 SQL문

1   SELECT

```
2   /*+ LEADING(A) INDEX(A TB_CUST_IDX01)
3       USE_NL(B) INDEX(B TB_ORD_IDX02)  */
4   *
5   FROM TB_CUST A, TB_ORD B
6   WHERE A.CUST_NM LIKE 'L%'
7   AND A.CUST_ID = B.CUST_ID
8   AND B.ORD_DT BETWEEN
9   TO_CHAR(SYSDATE-365, 'YYYYMMDD')
10  AND TO_CHAR(SYSDATE, 'YYYYMMDD');
```

SQL 분석

2~3번째 줄 LEADING 힌트를 이용하여 TB_CUST 테이블을 Outer 테이블로 지정하였습니다. INDEX 힌트를 사용하여 TB_CUST_IDX01 인덱스를 스캔하도록 하였습니다. 해당 인덱스는 ORG_NM 컬럼으로 이루어져 효율적인 인덱스 스캔이 가능합니다.

7번째 줄 USE_NL 힌트를 이용함으로써 중첩 루프 조인을 유도하였으며 TB_ORD 테이블을 Inner 테이블로 지정하였습니다. INDEX 힌트를 사용하여 TB_ORD_IDX02 인덱스를 스캔하도록 하였습니다. 해당 인덱스는 'CUST_ID + ORD_DT' 컬럼으로 이루어진 복합 인덱스입니다. 해당 인덱스를 사용함으로써 Outer 테이블인 TB_CUST 테이블의 스캔 건수만큼 Inner 테이블인 TB_ORD 테이블을 스캔 시 효율적인 인덱스 스캔으로 극적인 성능 향상이 이루어집니다.

수행 시간

0.9초(기존 12분 55초)

C-4 실행 계획

ID	Operation	Name	Cost
0	SELECT STATEMENT		15792
1	FILTER		
2	NESTED LOOPS		
3	NESTED LOOPS		15792

ID	Operation	Name	Cost
4	TABLE ACCESS BY INDEX ROWID	TB_CUST	3975
5	INDEX RANGE SCAN	TB_CUST_IDX01	37
6	INDEX RANGE SCAN	TB_ORD_IDX02	2
7	TABLE ACCESS BY INDEX ROWID	TB_ORD	3

수행 순서(ID 기준)

5 → 4 → 6 → 3 → 7 → 2 → 1 → 0

실행 계획 설명

ID	설명
5	TB_CUST_IDX01을 인덱스 범위 스캔(INDEX RANGE SCAN)합니다.
4	5번에서 스캔한 ROWID를 기준으로 TB_CUST 테이블에 테이블 랜덤 액세스(TABLE ACCESS BY INDEX ROWID)를 수행합니다.
6	TB_ORD_IDX02을 인덱스 범위 스캔(INDEX RANGE SCAN)합니다.
3	4번과 6번에 대한 중첩 루프 조인(NESTED LOOPS) 연산을 수행합니다.
7	6번에서 스캔한 ROWID를 기준으로 TB_ORD 테이블에 테이블 랜덤 액세스(TABLE ACCESS BY INDEX ROWID)를 수행합니다.
2	3번과 6번에 대한 중첩 루프 조인(NESTED LOOPS) 연산을 수행합니다.
1	조인 결과에 대해 조건에 따른 필터링 처리를 합니다.
0	SELECT절의 연산을 수행합니다.

3.2 해시 조인 튜닝

3.2.1 해시 조인

두 개의 테이블을 조인한다고 가정할 때 작은 집합을 빠르게 읽어 해시 테이블$^{Hash\ Table}$을 생성하여 해시 영역$^{Hash\ Area}$에 저장한 후, 큰 테이블을 순차적으로^{Sequential} 읽으면서 해시 함수$^{Hash\ Function}$에 입력 값을 주어 해시 영역에 있는 해시 테이블(작은 집합) 내에 해당 값이 존재하면 조인 집합에 저장하여, 원하는 조인 결과를 도출해 내는 방식입니다.

일반적으로 대용량 테이블의 조인 연산에서는 해시 조인 방식이 중첩 루프 조인이나 소트 머지 조인 방식보다 훨씬 효율적입니다. 즉, 작은 집합과 큰 집합이 있는 상황에서 오라클의 해시 조인은 극적인 성능 향상을 이루어 냅니다. 하지만 해시 조인은 대용량 테이블 조인 시에 메모리가 많이 필요합니다. 해시 조인의 성능을 극대화하려면 오라클 DBMS에 대한 메모리 관리도 신경을 써야 합니다(작은 집합을 해시 영역에 담을 빈 메모리 확보).

3.2.2 해시 조인의 특성

해시 조인의 특성은 다음과 같습니다.

- 두 개의 테이블 중 한 테이블이 작은 집합이어야 성능 극대화가 가능합니다.
- 조인 조건이 반드시 '=' 조건이어야 합니다.

일반적인 업무에서 두 개의 테이블이 1:M 관계에 놓였을 경우 1쪽 집합이 훨씬 작은 용량의 테이블인 경우가 많습니다. 이러한 상황에서 1쪽 집합을 Build Input으로 하여 해시 조인을 수행한다면 극적인 성능 향상을 이루어 낼 수 있습니다.

3.2.3 Build Input과 Probe Input

'Build Input'은 해시 조인 시 해시 영역에 저장하는 집합을 뜻합니다. 중첩 루프 조인 기준으로는 Outer 테이블이라고 이해하시면 됩니다. Build Input은 반드시 작은 집합이어야 해시 영역에 메모리 공간을 초과하지 않고 들어갈 수 있습니다. Build Input이 지나치게 큰 테이블이 된다면 오히려 메모리 영역과 디스크 영역 사이에 페이징Paging이 발생하게 되어 성능이 떨어질 위험이 있습니다.

'Probe Input'은 해시 조인 시 해시 영역에 저장된 Build Input의 데이터가 해시 방식 접근으로 조인을 수행하는 집합을 뜻합니다. 해시 영역에 생성된 해시 테이블이 구성되면 Probe Input을 순차적으로 스캔하면서 해시 함수를 통한 해시 테이블(Build Input) 검색을 하게 됩니다. 이때 Probe Input은 큰 용량의 테이블을 지정하여야 합니다.

3.2.4 해시 조인을 위한 메모리 관리

오라클의 PGA$^{\text{Private Global Area}}$ 영역은 해시 조인 시 사용하게 되는 메모리 영역입니다. 해당 해시 조인 시 Build Input이 PGA 영역에 모두 담길 정도로 작다면 최적^{Optimal} 연산이 일어나면서 극적인 성능을 발휘합니다. 하지만 Build Input이 너무 커서 PGA 영역에 모두 담지 못하게 되면 임시 공간$^{\text{Temp Space}}$ 영역을 이용하게 되면서 디스크 I/O가 발생하게 됩니다. 즉, 멀티 패스$^{\text{Multi Pass}}$ 연산이 일어나게 됩니다. 이러한 경우에는 PGA_AGGRATE_TARGET 파라미터의 메모리 크기를 확장하여 성능 향상을 꾀할 수 있는데, 다음 명령어로 이를 수행할 수 있습니다.

```
ALTER SYSTEM SET PGA_AGGREGATE_TARGET=6G;
```

3.2.5 해시 조인 튜닝

해시 조인 튜닝은 기존의 해시 조인 방식이 아닌 중첩 루프 조인이나 소트 머지 조인 방식으로 되어 있는 SQL을 해시 조인 연산 조건에 부합되는지 분석한 후 해시 조인 방식으로 바꾸는 일련의 모든 활동을 뜻합니다.

3.2.6 해시 조인 튜닝 관련 힌트

USE_HASH

(가) 설명

USE_HASH 힌트는 옵티마이저에 해시 조인을 유도합니다.

(나) 사용법

입력한 두 집합 중 작은 집합을 Build Input으로 지정하여 큰 집합인 Probe Input과 해시 조인을 수행합니다.

```
SELECT /*+ USE_HASH(테이블 테이블) */
```

(다) 예제

USE_HASH 힌트 안에 해시 조인이 대상이 되는 테이블을 입력합니다. 옵티마이저는 두 개의 테이블 중 작은 집합을 Build Input으로 하여 해시 조인을 유도하게 됩니다. 여기서는 DEPT 테이블이 더 작기 때문에 DEPT 테이블을 Build Input으로 선택하게 됩니다.

```
SELECT /*+ USE_HASH(EMP DEPT)*/ *
FROM EMP, DEPT
WHERE EMP.DEPTNO = DEPT.DEPTNO ;
```

LEADING 힌트와 결합하여 Build Input을 직접 지정하는 방법도 있습니다. 가장 널리 쓰이는 방식은 다음과 같습니다.

DEPT 테이블을 선행 테이블로 삼고 EMP 테이블을 Probe Input으로 합니다. 즉, 선행 테이블인 DEPT 테이블이 Build Input이 되고 EMP 테이블은 Probe Input이 됩니다.

```
SELECT /*+ LEADING(DEPT) USE_HASH(EMP)*/ *
FROM EMP, DEPT
WHERE EMP.DEPTNO = DEPT.DEPTNO;
```

실습 3-2 해시 조인으로 성능 극대화하기

A. 실습 준비

A-1 테이블 생성

TB_PRDT 테이블을 생성합니다.

```
CREATE TABLE TB_PRDT
(
    PRDT_CD VARCHAR2(6),    --상품코드
    PRDT_NM VARCHAR2(50),   --상품명
    REL_DT VARCHAR2(8),     --출시일자
    COST_AMT NUMBER(15),    --원가금액
    INST_DTM DATE,          --입력시간
    INST_ID VARCHAR2(50),   --입력자ID
    UPDT_DTM DATE,          --수정시간
    UPDT_ID VARCHAR2(5)     --수정자ID
);
```

TB_ORD 테이블을 생성합니다.

```
CREATE TABLE TB_ORD
(
    ORD_NO VARCHAR2(10),    --주문번호
    ORD_DT VARCHAR2(8),     --주문일자
    ORD_NM VARCHAR2(150),   --주문이름
    ORD_AMT NUMBER(15),     --주문금액
    PRDT_CD VARCHAR2(6),    --상품코드
    SALE_GB VARCHAR2(2),    --판매구분
    PAY_GB VARCHAR2(2),     --결제구분
    CUST_ID VARCHAR2(10),   --고객ID
    INST_DTM DATE,          --입력시간
    INST_ID VARCHAR2(50),   --입력자ID
    UPDT_DTM DATE,          --수정시간
    UPDT_ID VARCHAR2(5)     --수정자ID
);
```

A-2 데이터 입력

TB_PRDT 테이블에 10만 건의 데이터를 입력합니다.

```
INSERT INTO TB_PRDT
SELECT
LPAD(TO_CHAR(ROWNUM), 6, '0'),
DBMS_RANDOM.STRING('U', 50),
TO_CHAR(SYSDATE - TRUNC(DBMS_RANDOM.VALUE(1, 3650)), 'YYYYMMDD'),
TRUNC(DBMS_RANDOM.VALUE(100, 100000)),
SYSDATE,
'DBMSEXPERT',
NULL,
NULL
FROM DUAL CONNECT BY LEVEL <= 100000;

COMMIT;
```

DUAL_10 테이블을 생성하여 데이터 복제에 이용합니다.

```
CREATE TABLE DUAL_10
(
    DUMMY VARCHAR2(1)
);
INSERT INTO DUAL_10
SELECT DUMMY
FROM DUAL CONNECT BY LEVEL <= 10;

COMMIT;
```

TB_ORD 테이블을 NOLOGGING 모드로 설정합니다.

```
ALTER TABLE TB_ORD NOLOGGING;
```

TB_ORD 테이블에 500만 건(10×500000)의 데이터를 입력합니다.

```
INSERT /*+ APPEND */ INTO TB_ORD  --APPEND 힌트 사용
SELECT
```

```
        LPAD(TO_CHAR(ROWNUM), 10, '0'),
        TO_CHAR(SYSDATE-TRUNC(DBMS_RANDOM.VALUE(1, 3650)), 'YYYYMMDD'),
        DBMS_RANDOM.STRING('U', 150),
        TRUNC(DBMS_RANDOM.VALUE(1000, 100000)),
        LPAD(TO_CHAR(TRUNC(DBMS_RANDOM.VALUE(1, 100000))), 6, '0'),
        LPAD(TO_CHAR(MOD(TRUNC(DBMS_RANDOM.VALUE(1, 1000)), 3)), 2, '0'),
        LPAD(TO_CHAR(MOD(TRUNC(DBMS_RANDOM.VALUE(1, 1000)), 10)), 2, '0'),
        LPAD(TO_CHAR(TRUNC(DBMS_RANDOM.VALUE(1, 10000))), 10, '0'),
        SYSDATE,
        'DBMSEXPERT',
        NULL,
        NULL
FROM DUAL_10, ( SELECT LEVEL FROM DUAL CONNECT BY LEVEL <= 500000);
COMMIT;
```

A-3 기본키 생성

데이터를 입력한 후 기본키를 생성합니다.

```
ALTER TABLE TB_PRDT
ADD CONSTRAINT TB_PRDT_PK
PRIMARY KEY (PRDT_CD);

ALTER TABLE TB_ORD
ADD CONSTRAINT TB_ORD_PK
PRIMARY KEY (ORD_NO);
```

A-4 외래키 생성

```
ALTER TABLE TB_ORD
ADD CONSTRAINT TB_ORD_FK
FOREIGN KEY (PRDT_CD) REFERENCES TB_PRDT(PRDT_CD);
```

- 한 개의 제품은 0개 또는 1개 이상의 주문을 가질 수 있습니다.
- 하나의 주문은 반드시 한 개의 제품을 가집니다.

A-5 인덱스 구성

TB_ORD 테이블에 ORD_DT 컬럼으로 구성된 인덱스를 생성합니다.

```
CREATE INDEX TB_ORD_IDX01 ON TB_ORD(ORD_DT);
```

A-6 통계정보 생성

테이블과 인덱스에 대한 통계정보를 생성합니다.

```
ANALYZE TABLE TB_PRDT COMPUTE STATISTICS
FOR TABLE FOR ALL INDEXES FOR ALL INDEXED COLUMNS SIZE 254;

ANALYZE TABLE TB_ORD COMPUTE STATISTICS
FOR TABLE FOR ALL INDEXES FOR ALL INDEXED COLUMNS SIZE 254;
```

B. 튜닝 전 상황

B-1 튜닝 전 SQL문

```
1  SELECT /*+ LEADING(A) INDEX(A TB_ORD_IDX01) USE_NL(B) */
2  A.ORD_NO, A.ORD_DT, B.PRDT_CD, B.PRDT_NM
3  FROM TB_ORD A,
4       TB_PRDT B
5  WHERE A.ORD_DT > TO_CHAR(SYSDATE-365, 'YYYYMMDD')
6  AND A.PRDT_CD = B.PRDT_CD;
```

SQL 분석

1번째 줄 오라클의 LEADING 힌트를 이용하여 TB_ORD 테이블을 Outer 테이블로 지정하며 Outer 테이블 스캔 시 TB_ORD_IDX01 인덱스를 이용합니다. 또한, USE_NL 힌트를 이용하여 TB_PRDT 테이블을 Inner 테이블로 지정하여 중첩 루프 조인이 되도록 합니다.

SQL의 문제점

- 대용량의 테이블인 TB_ORD 테이블이 Outer 테이블로 지정되어 매우 큰 성능 부하가 예상됩니다.
- ORD_DT 컬럼 조건만으로는 대량의 행이 나오기 때문에 그에 따른 테이블 랜덤 액세스 부하가 발생합니다.

수행 시간

39.8초

B-2 실행 계획

ID	Operation	Name	Cost
0	SELECT STATEMENT		677815
1	NESTED LOOPS		
2	NESTED LOOPS		677815
3	TABLE ACCESS BY INDEX ROWID	TB_ORD	413045
4	INDEX RANGE SCAN	TB_ORD_IDX01	1160
5	INDEX UNIQUE SCAN	TB_PRDT_PK	0
6	TABLE ACCESS BY INDEX ROWID	TB_PRDT	1

수행 순서(ID 기준)

4 → 3 → 5 → 2 → 6 → 1 → 0

실행 계획 설명

ID	설명
4	TB_ORD_IDX01을 인덱스 범위 스캔(INDEX RANGE SCAN)합니다.
3	TB_ORD_IDX01의 ROWID를 이용하여 TB_ORD 테이블을 테이블 랜덤 액세스(TABLE ACCESS BY INDEX ROWID)합니다.
5	TB_ORD 테이블의 PRDT_CD 컬럼 값을 이용하여 TB_PRDT_PK 인덱스를 인덱스 유일 스캔(INDEX UNIQUE SCAN)합니다.
2	3번과 5번의 연산을 중첩 루프 조인(NESTED LOOPS)합니다.

ID	설명
6	TB_PRDT_PK에서 나온 ROWID를 이용하여 TB_PRDT 테이블을 테이블 랜덤 액세스 (TABLE ACCESS BY INDEX ROWID)합니다.
1	2번과 6번의 연산을 중첩 루프 조인(NESTED LOOPS)합니다.
0	SELECT절의 연산을 수행합니다.

C. 튜닝

C-1 튜닝 후 SQL문

```
1  SELECT /*+ LEADING(B) FULL(B) USE_HASH(A) */
2    A.ORD_NO, A.ORD_DT, B.PRDT_CD, B.PRDT_NM
3  FROM TB_ORD A,
4       TB_PRDT B
5  WHERE A.ORD_DT > TO_CHAR(SYSDATE-365, 'YYYYMMDD')
6    AND A.PRDT_CD = B.PRDT_CD;
```

SQL 분석

1번째 줄 LEADING 힌트를 이용하여 작은 집합인 TB_PRDT 테이블을 Build Input으로 지정합니다. 또한, FULL 힌트를 이용하여 Build Input을 테이블 풀 스캔으로 유도합니다. 마지막으로 USE_HASH 힌트를 이용하여 TB_ORD 테이블을 Probe Input으로 지정하고 해시 조인을 수행하게 합니다.

수행 시간

4.9초(기존 39.8초)

C-2 실행 계획

ID	Operation	Name	Cost
0	SELECT STATEMENT		43935
1	HASH JOIN		43935
2	TABLE ACCESS FULL	TB_PRDT	377
3	TABLE ACCESS FULL	TB_ORD	42652

수행 순서(ID 기준)

2 → 3 → 1 → 0

실행 계획 설명

ID	설명
2	TB_PRDT 테이블을 테이블 풀 스캔(TABLE ACCESS FULL)합니다.
3	TB_ORD 테이블을 테이블 풀 스캔(TABLE ACCESS FULL)합니다.
1	TB_PRDT 테이블을 Build Input, TB_ORD 테이블을 Probe Input으로 하여 해시 조인(HASH JOIN)을 수행합니다.
0	TB_PRDT 테이블을 Build Input, TB_ORD 테이블을 Probe Input으로 하여 해시 조인(HASH JOIN)을 수행합니다.

실습 3-3 인라인 뷰를 이용한 해시 조인으로 성능 극대화하기

A. 실습 준비

A-1 테이블 생성

TB_PRDT 테이블을 생성합니다.

```
CREATE TABLE TB_PRDT
(
    PRDT_CD VARCHAR2(6),  --상품코드
    PRDT_NM VARCHAR2(50), --상품명
    INST_DTM DATE,        --입력일시
    INST_ID VARCHAR2(50)  --입력자
);
```

TB_PRDT_SALE_DAY 테이블을 생성합니다.

```
CREATE TABLE TB_PRDT_SALE_DAY
(
    SALE_NO VARCHAR2(10), --판매번호
    SALE_DT VARCHAR2(8),  --판매일자
    SALE_TM VARCHAR2(6),  --판매시간
    SALE_CNT NUMBER(9),   --판매수
```

```
    SALE_AMT NUMBER(9),    --판매금액
    PRDT_CD VARCHAR2(6),   --제품코드
    INST_DTM DATE,         --입력일시
    INST_ID VARCHAR2(50)   --입력자
);
```

A-2 데이터 입력

TB_PRDT 테이블에 10만 건의 데이터를 입력합니다.

```
INSERT INTO TB_PRDT
SELECT
    LPAD(TO_CHAR(ROWNUM), 6, '0'),
    DBMS_RANDOM.STRING('U', 50),
    SYSDATE,
    'DBMSEXPERT'
FROM DUAL CONNECT BY LEVEL <= 100000;

COMMIT;
```

TB_PRDT_SALE_DAY 테이블을 NOLOGGING 모드로 설정합니다.

```
ALTER TABLE TB_PRDT_SALE_DAY NOLOGGING;
```

TB_PRDT_SALE_DAY 테이블에 100만 건의 데이터를 입력합니다.

```
INSERT /*+ APPEND */  INTO TB_PRDT_SALE_DAY  --APPEND 힌트 사용
SELECT
    LPAD(TO_CHAR(ROWNUM), 10, '0'),
   TO_CHAR(SYSDATE - DBMS_RANDOM.VALUE(1, 3650), 'YYYYMMDD'),
  TO_CHAR(SYSDATE - (DBMS_RANDOM.VALUE(1, 86400) / 24 / 60 / 60), 'HH24MISS'),
   TRUNC(DBMS_RANDOM.VALUE(1, 10)),
   TRUNC(DBMS_RANDOM.VALUE(1000, 100000), -3),
   PRDT_CD,
    SYSDATE,
    'DBMSEXPERT'
FROM TB_PRDT, (SELECT DUMMY FROM DUAL CONNECT BY LEVEL <= 10);

COMMIT;
```

A-3 기본키 생성

데이터를 입력한 후 기본키를 생성합니다.

```
ALTER TABLE TB_PRDT
ADD CONSTRAINT TB_PRDT_PK
PRIMARY KEY (PRDT_CD);

ALTER TABLE TB_PRDT_SALE_DAY
ADD CONSTRAINT TB_PRDT_SALE_DAY_PK
PRIMARY KEY (SALE_NO);
```

A-4 외래키 생성

```
ALTER TABLE TB_PRDT_SALE_DAY
ADD CONSTRAINT TB_PRDT_SALE_DAY_FK
FOREIGN KEY (PRDT_CD) REFERENCES TB_PRDT(PRDT_CD);
```

- 한 개의 제품은 0개 혹은 1개 이상의 판매내역을 가질 수 있습니다.
- 하나의 판매내역은 반드시 한 개의 제품을 가집니다.

A-5 통계정보 생성

테이블과 인덱스에 대한 통계정보를 생성합니다.

```
ANALYZE TABLE TB_PRDT COMPUTE STATISTICS
FOR TABLE FOR ALL INDEXES FOR ALL INDEXED COLUMNS SIZE 254;

ANALYZE TABLE TB_PRDT_SALE_DAY COMPUTE STATISTICS
FOR TABLE FOR ALL INDEXES FOR ALL INDEXED COLUMNS SIZE 254;
```

B. 튜닝 전 상황

B-1 튜닝 전 SQL문

```
1   SELECT
2       B.PRDT_CD,
3       MIN(B.PRDT_NM),
```

```
4      SUM(A.SALE_CNT),
5      SUM(A.SALE_AMT)
6  FROM
7      TB_PRDT_SALE_DAY A, TB_PRDT B
8  WHERE
9      A.SALE_DT BETWEEN '20120101' AND '20131231' AND
10     A.PRDT_CD = B.PRDT_CD
11 GROUP BY B.PRDT_CD;
```

SQL 분석

7번째 줄 TB_PRDT_SALE_DAY 테이블과 TB_PRDT 테이블을 조인합니다. 조인 방식은 옵티마이저의 선택에 따릅니다.

SQL의 문제점

TB_PRDT 테이블과 TB_PRDT_SALE_DAY 테이블은 1:M 관계입니다. 1쪽 집합인 TB_PRDT 테이블의 PRDT_CD를 기준으로 GROUP BY하여 집계 결과를 계산하고 있습니다. 이러한 SQL은 인라인 뷰를 이용하여 M쪽 집합인 TB_PRDT_SALE_DAY 테이블을 먼저 GROUP BY한 후 TB_PRDT 테이블과 1:1 관계를 만든 다음 조인 연산을 수행한다면 최적의 성능을 낼 수 있습니다.

수행 시간

1.2초

B-2 실행 계획

ID	Operation	Name	Cost
0	SELECT STATEMENT		2845
1	HASH GROUP BY		2845
2	HASH JOIN		2844
3	TABLE ACCESS FULL	TB_PRDT_SALE_DAY	2500
4	TABLE ACCESS FULL	TB_PRDT	343

수행 순서(ID 기준)

3 → 4 → 2 → 1 → 0

실행 계획 설명

ID	설명
3	TB_PRDT_SALE_DAY 테이블을 풀 스캔(TABLE ACCESS FULL)합니다.
4	TB_PRDT 테이블을 풀 스캔(TABLE ACCESS FULL)합니다.
2	4번과 5번을 해시 조인(HASH JOIN)합니다.
1	GROUP BY 연산을 수행합니다.
0	SELECT절의 연산을 수행합니다.

C. 튜닝

C-1 튜닝 후 SQL문

```
1   SELECT   /*+ NO_MERGE(A) */
2   B.PRDT_CD,
3   B.PRDT_NM,
4   A.SALE_CNT_SUM,
5   A.SALE_AMT_SUM
6   FROM
7   (
8       SELECT
9           A.PRDT_CD,
10          SUM(A.SALE_CNT) SALE_CNT_SUM,
11          SUM(A.SALE_AMT) SALE_AMT_SUM
12      FROM TB_PRDT_SALE_DAY A
13      WHERE
14          A.SALE_DT BETWEEN '20120101' AND '20131231'
15      GROUP BY A.PRDT_CD
16   ) A,
17   TB_PRDT B
18   WHERE
19   A.PRDT_CD = B.PRDT_CD;
```

SQL 분석

1번째 줄 NO_MERGE 힌트를 이용하여 인라인 뷰 A가 메인쿼리와 같은 레벨로 View Merging되지 않게 합니다.

7~16번째 줄 TB_PRDT_SALE_DAY 테이블을 인라인 뷰 내에서 읽습니다. PRDT_CD 기준으로 GROUP BY하여 TB_PRDT 테이블과 조인 연산을 최소화 합니다.

수행 시간

0.8초(기존 1.2초)

C-2 실행 계획

ID	Operation	Name	Cost
0	SELECT STATEMENT		2845
1	HASH JOIN		2845
2	VIEW		2501
3	HASH GROUP BY		2501
4	TABLE ACCESS FULL	TB_PRDT_SALE_DAY	2500
5	TABLE ACCESS FULL	TB_PRDT	343

수행 순서(ID 기준)

4 → 3 → 2 → 5 → 1 → 0

실행 계획 설명

ID	설명
4	TB_PRDT_SALE_DAY 테이블을 풀 스캔(TABLE ACCESS FULL)합니다.
3	GROUP BY 연산을 합니다.
2	4번과 3번의 연산을 인라인 뷰(VIEW)로 구성합니다.
5	TB_PRDT 테이블을 테이블 풀 스캔(TABLE ACCESS FULL)합니다.
1	2번과 5번을 해시 조인(HASH JOIN)합니다.
0	SELECT절의 연산을 수행합니다.

3.3 세미 조인 튜닝

3.3.1 세미 조인

세미 조인^{Semi Join}이란 조인 시 특정 조건에 부합된다면 더는 연산을 수행하지 않는 것을 뜻합니다. SQL문에서 'EXISTS' 또는 'NOT EXISTS'를 사용하면 옵티마이 저는 세미 조인 사용 여부를 판단하게 됩니다. 세미 조인은 조인 방식에 따라 중첩 루프 세미 조인과 해시 세미 조인으로 나누어집니다. 특정 조건에 맞으면 더는 반복하지 않고 멈추기 때문에 성능상 매우 유리합니다.

3.3.2 EXISTS문과 NOT EXISTS문

EXISTS문과 NOT EXISTS문은 각각 특정 데이터가 존재하거나 존재하지 않는 데이터를 추출할 때 사용합니다. 세미 조인은 이 두 가지 유형의 SQL로 처리할 때 유용하게 사용할 수 있는데, 세미 조인 유형별로 SQL문을 정리하면 [표 3-1] 과 같습니다.

표 3-1 세미 조인 유형별 SQL문

조인 유형	SQL문	힌트
중첩 루프 세미 조인	EXISTS	NL_SJ
해시 세미 조인	EXISTS	HASH_SJ
중첩 루프 안티 세미 조인	NOT EXISTS	NL_AJ
해시 안티 세미 조인	NOT EXISTS	HASH_AJ

3.3.3 세미 조인 튜닝

세미 조인 튜닝은 다음의 2가지 방법으로 가장 많이 사용됩니다.

- EXISTS 또는 NOT EXISTS 문이 사용된 SQL을 세미 조인으로 유도합니다.
- UNION 또는 MINUS 집합 연산자가 사용된 SQL문을 세미 조인으로 유도합니다.

3.3.4 서브쿼리 Unnesting

서브쿼리는 소괄호 '( )'로 감싸져 있습니다. 옵티마이저는 '( )'로 감싸진 서브쿼리를 중첩되어Nesting 있다고 판단합니다. 중첩된 서브쿼리를 풀어서 메인쿼리와 똑같은 레벨로 위치하게 하는 작업을 '서브쿼리 Unnesing'이라고 부릅니다. 즉, 옵티마이저는 서브쿼리를 메인쿼리와 똑같은 레벨로 위치하게 하는 쿼리 변환을 수행하게 됩니다. 옵티마이저가 서브쿼리 Unnesting하는 이유는 메인쿼리의 테이블과 서브쿼리의 테이블을 같은 레벨로 위치시키면 더 많은 접근 경로를 통한 다양한 실행 계획을 도출할 수 있기 때문입니다. 이와 반대로 서브쿼리 Unnesing을 하지 않게 하여 무조건 필터 조건으로 서브쿼리의 연산이 처리되게 하는 것을 '서브쿼리 No Unnesting'이라고 부릅니다.

3.3.5 세미 조인 튜닝 관련 힌트

NL_SJ와 HASH_SJ

(가) 설명

EXISTS문을 쓴 서브쿼리를 사용할 경우 해당 힌트를 사용할 수 있습니다. NL_SJ 힌트는 중첩 루프 세미 조인을, HASH_SJ는 해시 세미 조인을 유도합니다.

(나) 사용법

해당 서브쿼리를 세미 조인으로 유도합니다.

```
SELECT /*+ NL_SJ 또는 HASH_SJ */
```

(다) 예제

서브쿼리가 Unnesting된 후 메인쿼리의 테이블인 DEPT 테이블과 서브쿼리의 테이블인 EMP 테이블을 해시 세미 조인으로 유도합니다.

```
SELECT *
```

```
FROM DEPT
WHERE EXISTS
    (SELECT /*+ HASH_SJ*/ *
        FROM EMP
        WHERE EMP.DEPTNO = DEPT.DEPTNO
        AND SAL > 200000);
```

NL_AJ와 HASH_AJ

(가) 설명

NOT EXISTS문을 쓴 서브쿼리를 사용할 경우 해당 힌트를 사용할 수 있습니다. NL_AJ 힌트는 중첩 루프 안티 세미 조인$^{\text{Nested Loop Anti Semi Join}}$을, HASH_SJ는 해시 안티 세미 조인$^{\text{Hash Anti Semi Join}}$을 유도합니다.

(나) 사용법

해당 서브쿼리를 안티 세미 조인으로 유도합니다.

```
SELECT /*+ NL_AJ 또는 HASH_AJ */
```

(다) 예제

서브쿼리가 Unnesting된 후 메인쿼리의 테이블인 DEPT 테이블과 서브쿼리의 테이블인 EMP 테이블을 해시 안티 세미 조인으로 유도합니다.

```
SELECT *
FROM DEPT
WHERE NOT EXISTS
    (SELECT /*+ HASH_AJ*/ *
        FROM EMP
        WHERE EMP.DEPTNO = DEPT.DEPTNO
        AND SAL > 200000);
```

UNNEST

(가) 설명

UNNEST 힌트는 서브쿼리 Unnesting을 유도하는 힌트입니다. 서브쿼리의 내용을 메인쿼리와 같은 레벨로 위치하게 합니다. 이로써 옵티마이저는 더 많은 접근 경로를 가지게 됩니다.

(나) 사용법

해당 서브쿼리를 Unnesting합니다.

```
SELECT /*+ UNNEST */
```

(다) 예제

UNNEST 힌트를 사용하여 서브쿼리 Unnesting을 유도합니다. 이제 옵티마이저는 더 많은 접근 경로를 가지게 되어 더 다양한 실행 계획을 평가하게 됩니다.

```
SELECT *
FROM EMP A
WHERE A.SAL > 2000
AND EXISTS
    (SELECT /*+ UNNEST */ '1'
        FROM DEPT B
        WHERE B.DEPTNO = A.DEPTNO
        AND B.LOC LIKE 'C%');
```

NO_UNNEST

(가) 설명

NO_UNNEST 힌트는 서브쿼리 Unnesting을 방지하는 힌트입니다. 해당 힌트를 사용함으로써 오라클의 옵티마이저는 메인쿼리를 읽으면서 서브쿼리의 조건을 필터 처리하게 됩니다.

(나) 사용법

해당 서브쿼리의 Unnesting을 방지합니다.

```
SELECT /*+ NO_UNNEST */
```

(다) 예제

NO_UNNEST 힌트를 사용하여 서브쿼리 Unnesting을 방지합니다. EMP 테이블을 읽으면서 EXSISTS문의 조건을 필터 처리하게 됩니다.

```
SELECT *
FROM EMP A
WHERE A.SAL > 2000
AND EXISTS
    (SELECT /*+ NO_UNNEST */ '1'
        FROM DEPT B
        WHERE B.DEPTNO = A.DEPTNO
        AND B.LOC LIKE 'C%');
```

실습 3-4 세미 조인 기법을 이용하여 성능 극대화하기

A. 실습 준비

A-1 테이블 생성

TB_CUST 테이블을 생성합니다.

```
CREATE TABLE TB_CUST
(
    CUST_ID VARCHAR2(10), --고객ID
    CUST_NM VARCHAR2(50) --고객명
);
```

TB_CUST_DTL 테이블을 생성합니다.

```
CREATE TABLE TB_CUST_DTL
```

```
(
    CUST_ID VARCHAR2(10), -- 고객ID
    SEQ     NUMBER(3), --시퀀스
    CUST_INFO VARCHAR2(150) --고객정보
);
```

TB_ORD 테이블을 생성합니다.

```
CREATE TABLE TB_ORD
(
    ORD_NO VARCHAR2(10), --주문번호
    ORD_DT VARCHAR2(8), --주문일자
    CUST_ID VARCHAR2(10) --고객ID
);
```

A-2 데이터 입력

TB_CUST 테이블에 10만 건의 데이터를 입력합니다.

```
INSERT INTO TB_CUST
SELECT
    LPAD(TO_CHAR(ROWNUM), 10, '0'),
    DBMS_RANDOM.STRING('U', 50)
FROM DUAL CONNECT BY LEVEL <= 100000;

COMMIT;
```

TB_CUST_DTL 테이블에 100만 건의 데이터를 입력합니다.

```
INSERT INTO TB_CUST_DTL
SELECT
CUST_ID,
ROW_NUMBER() OVER (PARTITION BY CUST_ID ORDER BY CUST_ID),
DBMS_RANDOM.STRING('U', 50)
FROM TB_CUST, ( SELECT LEVEL LV FROM DUAL CONNECT BY LEVEL <= 10);

COMMIT;
```

TB_ORD 테이블을 NOLOGGING 모드로 설정합니다.

```
ALTER TABLE TB_ORD NOLOGGING;
```

TB_ORD 테이블에 500만 건의 데이터를 입력합니다.

```
INSERT /*+ APPEND */ INTO TB_ORD —APPEND 힌트 사용
SELECT
LPAD(TO_CHAR(ROWNUM), 10, '0'),
TO_CHAR(SYSDATE - TRUNC(DBMS_RANDOM.VALUE(1, 3650)), 'YYYYMMDD'),
CUST_ID
FROM TB_CUST, ( SELECT LEVEL LV FROM DUAL CONNECT BY LEVEL <= 50);

COMMIT;
```

A-3 기본키 생성

데이터를 입력한 후 기본키를 생성합니다.

```
ALTER TABLE TB_CUST
ADD CONSTRAINT TB_CUST_PK
PRIMARY KEY (CUST_ID);

ALTER TABLE TB_CUST_DTL
ADD CONSTRAINT TB_CUST_DTL_PK
PRIMARY KEY (CUST_ID, SEQ);

ALTER TABLE TB_ORD
ADD CONSTRAINT TB_ORD_PK
PRIMARY KEY (ORD_NO);
```

A-4 인덱스 구성

TB_ORD 테이블에 CUST_ID 컬럼으로 구성된 인덱스를 생성합니다.

```
CREATE INDEX TB_ORD_IDX01 ON TB_ORD(CUST_ID);
```

A-5 통계정보 생성

테이블과 인덱스에 대한 통계정보를 생성합니다.

```
ANALYZE TABLE TB_CUST COMPUTE STATISTICS
FOR TABLE FOR ALL INDEXES FOR ALL INDEXED COLUMNS SIZE 254;

ANALYZE TABLE TB_CUST_DTL COMPUTE STATISTICS
FOR TABLE FOR ALL INDEXES FOR ALL INDEXED COLUMNS SIZE 254;

ANALYZE TABLE TB_ORD COMPUTE STATISTICS
FOR TABLE FOR ALL INDEXES FOR ALL INDEXED COLUMNS SIZE 254;
```

B. 튜닝 전 상황

B-1 튜닝 전 SQL문

```
1   SELECT
2   /*+ LEADING(A) FULL(A) USE_NL(B) USE_NL(C) */
3       A.CUST_ID,
4       A.CUST_NM,
5       B.CUST_ID,
6       B.SEQ,
7       B.CUST_INFO
8   FROM
9       TB_CUST A,
10      TB_CUST_DTL B,
11      TB_ORD C
12  WHERE
13      A.CUST_NM LIKE 'A%' AND
14      A.CUST_ID = B.CUST_ID AND
15      C.CUST_ID = B.CUST_ID AND
16      C.ORD_DT LIKE '2015%'
17  GROUP BY
18      A.CUST_ID,
19      A.CUST_NM,
20      B.CUST_ID,
21      B.SEQ,
22      B.CUST_INFO;
```

SQL 분석

2번째 줄 LEADING 힌트를 이용하여 TB_CUST 테이블을 가장 먼저 스캔하고 해당 테이블은 테이블 풀 스캔하도록 하였습니다. 또한, USE_NL 힌트를 이용하여 TB_CUST_DTL 테이블과 중첩 루프 조인 연산 후 TB_ORD 테이블과 중첩 루프 조인하도록 하였습니다.

SQL의 문제점

TB_ORD 테이블이 가지고 있는 컬럼은 SELECT절에 존재하지 않습니다. TB_ORD 테이블은 EXISTS 유무만 판단해도 결과 집합에 영향을 주지 않습니다. 즉, 해당 테이블은 세미 조인으로 튜닝할 수 있습니다.

수행 시간

5.2초

B-2 실행 계획

ID	Operation	Name	Cost
0	SELECT STATEMENT		2670114
1	HASH GROUP BY		2670114
2	NESTED LOOPS		
3	NESTED LOOPS		2666703
4	NESTED LOOPS		15284
5	TABLE ACCESS FULL	TB_CUST	274
6	TABLE ACCESS BY INDEX ROWID	TB_CUST_DTL	3
7	INDEX RANGE SCAN	TB_CUST_DTL_PK	2
8	INDEX RANGE SCAN	TB_ORD_IDX01	2
9	TABLE ACCESS BY INDEX ROWID	TB_ORD	53

수행 순서(ID기준)

5 → 7 → 6 → 4 → 8 → 3 → 9 → 2 → 1 → 0

실행 계획 설명

ID	설명
5	TB_CUST 테이블을 테이블 풀 스캔(TABLE ACCESS FULL)합니다.
7	TB_CUST_DTL_PK를 인덱스 범위 스캔(INDEX RANGE SCAN)합니다.
6	6번에서 찾은 ROWID를 이용하여 TB_CUST_DTL 테이블을 테이블 랜덤 액세스(TABLE ACCESS BY INDEX ROWID)합니다.
4	5번과 6번의 연산을 중첩 루프 조인(NESTED LOOPS)합니다.
8	TB_ORD_IDX01 인덱스를 인덱스 범위 스캔(INDEX RANGE SCAN)합니다.
3	4번과 8번의 연산을 중첩 루프 조인(NESTED LOOPS)합니다.
9	3번에서 나온 TB_ORD_IDX01의 ROWID 값으로 TB_ORD 테이블에 테이블 랜덤 액세스(TABLE ACCESS BY INDEX ROWID)합니다.
2	3번과 9번의 연산을 중첩 루프 조인(NESTED LOOPS)합니다.
1	GROUP BY 연산을 수행합니다.
0	SELECT절의 연산을 수행합니다.

C. 튜닝

C-1 튜닝 후 SQL문

```
1  SELECT
2  /*+ LEADING(A) FULL(A) USE_NL(B) */
3      A.CUST_ID,
4      A.CUST_NM,
5      B.CUST_ID,
6      B.SEQ,
7      B.CUST_INFO
8  FROM
9      TB_CUST A, TB_CUST_DTL B
10 WHERE
11     A.CUST_NM LIKE 'A%' AND
12     A.CUST_ID = B.CUST_ID AND
13     EXISTS
14     (
15        SELECT
16           /*+ UNNEST NL_SJ INDEX(C TB_ORD_IDX01) */
17           '1'
```

```
18          FROM TB_ORD C
19          WHERE
20              C.CUST_ID = B.CUST_ID AND
21              C.ORD_DT LIKE '2015%'
22      ) ;
```

SQL 분석

2번째 줄 LEADING 힌트를 이용하여 가장 작은 테이블인 TB_CUST 테이블을 Outer 테이블로 지정하고 FULL 힌트로 Outer 테이블을 테이블 풀 스캔합니다. 또한, USE_NL 힌트를 사용하여 TB_CUST_DTL을 Inner 테이블로 지정하고 중첩 루프 조인을 수행합니다.

13번째 줄 EXISTS문을 이용하여 TB_ORD 테이블의 존재 여부를 확인합니다.

16번째 줄 NL_SJ 힌트를 이용하여 중첩 루프 세미 조인으로 유도합니다. 또한, INDEX 힌트를 이용하여 TB_ORD_IDX01 인덱스를 사용하도록 합니다.

수행 시간

0.5초(기존 5.2초)

C-2 실행 계획

ID	Operation	Name	Cost
0	SELECT STATEMENT		5453K
1	NESTED LOOPS SEMI		5453K
2	NESTED LOOPS		5126K
3	TABLE ACCESS FULL	TB_CUST	180K
4	TABLE ACCESS BY INDEX ROWID	TB_CUST_DTL	680
5	INDEX RANGE SCAN	TB_CUST_DTL_PK	
6	TABLE ACCESS BY INDEX ROWID	TB_ORD	3605K
7	INDEX RANGE SCAN	TB_ORD_IDX01	

수행 순서(ID기준)

3 → 5 → 4 → 2 → 7 → 6 → 1 → 0

실행 계획 설명

ID	설명
3	TB_CUST 테이블을 테이블 풀 스캔(TABLE ACCESS FULL)합니다.
5	TB_CUST_DTL_PK 인덱스를 인덱스 범위 스캔(INDEX RANGE SCAN)합니다.
4	5번에서 나온 ROWID를 이용하여 TB_CUST_DTL 테이블을 테이블 랜덤 액세스(TABLE ACCESS BY INDEX ROWID)합니다.
2	3번과 4번의 연산을 중첩 루프 조인(NESTED LOOPS)합니다.
7	TB_ORD_IDX01 인덱스를 인덱스 범위 스캔(INDEX RANGE SCAN)합니다.
6	7번에서 나온 ROWID를 이용하여 TB_ORD 테이블을 테이블 랜덤 액세스(TABLE ACCESS BY INDEX ROWID)합니다.
1	2번과 6번의 연산을 중첩 루프 세미 조인(NESTED LOOPS SEMI)합니다.
0	SELECT절의 연산을 수행합니다.

D. 안티 세미 조인

EXISTS문을 NOT EXISTS로 바꾸면 안티 세미 조인이 성립됩니다.

D-1 SQL문

```
1   SELECT
2   /*+ LEADING(A) FULL(A) USE_NL(B) */
3       A.CUST_ID,
4       A.CUST_NM,
5       B.CUST_ID,
6       B.SEQ,
7       B.CUST_INFO
8   FROM
9       TB_CUST A, TB_CUST_DTL B
10  WHERE
11      A.CUST_NM LIKE 'A%' AND
12      A.CUST_ID = B.CUST_ID AND
13      NOT EXISTS
14          (SELECT
```

```
15              /*+ UNNEST NL_SJ INDEX(C TB_ORD_IDX01) */
16              '1'
17       FROM TB_ORD C
18       WHERE
19           C.CUST_ID = B.CUST_ID AND
20           C.ORD_DT LIKE '2015%'
21       ) ;
```

SQL 분석

13번째 줄 NOT EXISTS문을 이용하여 TB_CUST 테이블과 TB_CUST_DTL 테이블의 조인 결과 중 CUST_ID 컬럼을 기준으로 TB_ORD 테이블 내에 존재하지 않는 행을 검색합니다.

15번째 줄 NL_AJ 힌트를 이용하여 중첩 루프 안티 세미 조인으로 유도합니다. 또한, INDEX 힌트를 이용하여 TB_ORD_IDX01 인덱스를 사용하도록 합니다.

C-2 실행 계획

ID	Operation	Name	Cost
0	SELECT STATEMENT		1115872
1	NESTED LOOPS ANTI		1115872
2	NESTED LOOPS		15284
3	TABLE ACCESS FULL	TB_CUST	274
4	TABLE ACCESS BY INDEX ROWID	TB_CUST_DTL	3
5	INDEX RANGE SCAN	TB_CUST_DTL_PK	2
6	TABLE ACCESS BY INDEX ROWID	TB_ORD	22
7	INDEX RANGE SCAN	TB_ORD_IDX01	2

수행 순서(ID기준)

3 → 5 → 4 → 2 → 7 → 6 → 1 → 0

실행 계획 설명

ID	설명
3	TB_CUST 테이블을 테이블 풀 스캔(TABLE ACCESS FULL)합니다.
5	TB_CUST_DTL_PK 인덱스를 인덱스 범위 스캔(INDEX RANGE SCAN)합니다.
4	5번에서 나온 ROWID를 바탕으로 TB_CUST_DTL 테이블을 테이블 랜덤 액세스(TABLE ACCESS BY INDEX ROWID)합니다.
2	3번과 4번의 연산을 중첩 루프 조인(NESTED LOOPS)합니다.
7	TB_ORD_IDX01 인덱스를 인덱스 범위 스캔(INDEX RANGE SCAN)합니다.
6	7번에서 나온 ROWID를 이용하여 TB_ORD 테이블을 테이블 랜덤 액세스(TABLE ACCESS BY INDEX ROWID)합니다.
1	2번과 6번의 연산을 중첩 루프 안티 세미 조인(NESTED LOOPS ANTI)합니다.
0	SELECT절의 연산을 수행합니다.

3.4 아우터 조인 튜닝

3.4.1 아우터 조인

'아우터 조인^{Outer Join}'이란 테이블 'A'와 'B'가 있을 때 A 테이블을 기준으로 B 테이블이 조인에 성공하면 B 테이블의 데이터를 보여 주고, 조인에 실패하면 B 테이블의 데이터를 보여 주지 않는 조인 방식입니다. 즉, A 테이블의 내용은 조인 성공 여부와는 상관 없이 모두 보여 주고 B 테이블은 조인 성공 시에만 보여 주는 조인 방식입니다. 아우터 조인은 다음 2가지 유형이 있습니다.

'Left 아우터 조인'은 왼쪽에 명시한 테이블이 기준이 되는 아우터 조인 방식으로, SQL문으로 다음과 같이 표현합니다. 여기서 EMP 테이블은 데이터를 모두 보여 주고 DEPT 테이블은 조인이 성공한 데이터만 보여 줍니다.

```
SELECT
    *
FROM EMP LEFT OUTER JOIN DEPT
```

```
ON (EMP.DEPTNO = DEPT.DEPTNO);
```

'Right 아우터 조인'은 오른쪽에 명시한 테이블이 기준이 되는 아우터 조인 방식으로, SQL문으로 다음과 같이 표현합니다. 여기서 EMP 테이블은 데이터를 모두 보여 주고 DEPT 테이블은 조인이 성공한 데이터만 보여 줍니다.

```
SELECT
    *
FROM DEPT RIGHT OUTER JOIN EMP
ON (DEPT.DEPTNO = EMP.DEPTNO);
```

이 2가지 아우터 조인 방식을 더 자세히 알아보겠습니다.

3.4.2 Left 아우터 조인

테이블 'A'와 'B'가 있고 A를 왼쪽 테이블, B를 오른쪽 테이블이라고 가정합니다. A 테이블과 B 테이블을 조인할 때 A 테이블의 결과 집합은 모두 보여 주면서 B 테이블은 조인에 성공한 데이터만 보여 주고 조인이 실패한 B 테이블의 데이터는 보여주지 않습니다. 왼쪽 테이블인 A 테이블의 결과 집합은 조인의 성공 여부에 영향을 받지 않지만, 오른쪽 테이블인 B 테이블은 조인의 성공 여부에 따라 보일 수도 있고 안 보일 수도 있습니다. 이러한 방식을 Left 아우터 조인이라고 합니다.

다음 예제로 정리하면, A 테이블을 기준으로 B 테이블과 조인하고 A 테이블의 모든 데이터는 출력이 보장되며 B 테이블의 데이터는 조인에 성공한 것은 보여 주고 조인에 성공하지 않은 것은 보여 주지 않습니다.

```
SELECT *
FROM A
LEFT OUTER JOIN B
ON A.NO = B.NO;
```

3.4.3 Right 아우터 조인

테이블 'A'와 'B'가 있고 A 테이블은 왼쪽 테이블, B 테이블은 오른쪽 테이블이라고 가정합니다. 테이블 A와 B를 조인할 때 B 테이블의 결과 집합은 모두 보여 주면서 조인이 성공한 A 테이블의 데이터만 보여 주고 조인이 실패한 A 테이블의 데이터는 보여 주지 않습니다. 오른쪽 테이블인 B 테이블의 결과 집합은 조인의 성공 여부에 영향을 받지 않지만, 왼쪽 테이블인 A 테이블은 조인의 성공 여부에 따라 해당 데이터가 보일 수도 있고 안 보일 수도 있습니다. 이러한 방식을 Right 아우터 조인이라고 합니다.

다음 예제로 정리하면, B 테이블을 기준으로 A 테이블과 조인하고 B 테이블의 모든 데이터는 출력이 보장되며 A 테이블의 데이터는 조인에 성공한 것은 보여 주고 조인에 성공하지 않은 것은 보여 주지 않습니다.

```
SELECT *
FROM A
RIGHT OUTER JOIN B
ON B.NO = A.NO;
```

3.4.4 아우터 조인 튜닝

아우터 조인 튜닝은 아우터 조인으로 구현된 SQL문의 성능을 극대화하는 일련의 모든 활동을 의미합니다. 대표적으로 다음 두 가지 경우에 아우터 조인 튜닝을 할 수 있습니다.

아우터 조인을 이용하여 테이블 스캔 최소화

테이블 'A', 'B', 'C'가 있다고 가정합니다. 'A = B + C'의 관계가 성립할 경우 테이블 B와 테이블 C는 테이블 A에 대하여 베타적 관계에 있다고 할 수 있습니다. 테이블 A를 기준으로 테이블 B와 C를 각각 조인할 때 UNION ALL문을 사용하여 두 개의 SELECT문의 합집합을 구하게 됩니다. 이러한 경우 UNION ALL문을 아우터 조인으로 변환하여 성능을 개선할 수 있습니다(가장 큰 테이블인 A를 단 한 번만 스캔하는 것이 핵심입니다).

아우터 조인을 스칼라 서브쿼리로 변환

아우터 조인으로 구현된 SQL문은 스칼라 서브쿼리$^{Scalar\ Subquery}$로 변환할 수 있습니다. 오라클에서는 스칼라 서브쿼리로 한 번 이상 호출된 Input/Output 값을 멀티 버퍼에 저장해 둔 후 동일한 Input으로 호출되면 기존에 가지고 있던 Output 값을 바로 리턴하는 스칼라 서브쿼리 캐싱 기능이 있습니다. 이러한 오라클의 기능을 잘 활용하여 아우터 조인을 스칼라 서브쿼리로 변환하면 성능을 극대화할 수 있습니다.

이 2가지 경우를 실습을 통해 자세히 알아보겠습니다.

실습 3-5 아우터 조인으로 테이블 스캔을 최소화하여 성능 개선하기

A. 실습 준비

A-1 테이블 생성

TB_JOB_ORDER 테이블을 생성합니다.

```
CREATE TABLE TB_JOB_ORDER
(
    JOB_NO VARCHAR2(10),
    VISIT_PRE_DT VARCHAR2(8),
    WORKER_ID VARCHAR2(10),
    JOB_STATUS_CD VARCHAR2(2),
    JOB_GUBUN VARCHAR2(1),
    REQ_NO VARCHAR2(10),
    INST_DTM DATE,
    INST_ID VARCHAR2(50)
);
```

TB_OPEN_REQ 테이블을 생성합니다.

```
CREATE TABLE TB_OPEN_REQ
(
    OPEN_REQ_NO VARCHAR2(10),
    OPEN_REQ_DT VARCHAR2(8),
    OPEN_HOPE_DT VARCHAR2(8),
    CUST_NO VARCHAR2(10),
    INST_DTM DATE,
    INST_ID VARCHAR2(50)
);
```

TB_DISABLE_REQ 테이블을 생성합니다.

```
CREATE TABLE TB_DISABLE_REQ
(
    DISABLE_REQ_NO VARCHAR2(10),
    DISABLE_REQ_DT VARCHAR2(8),
    DISABLE_DTM DATE,
    CUST_NO VARCHAR2(10),
    INST_DTM DATE,
    INST_ID VARCHAR2(50)
);
```

A-2 데이터 입력

TB_OPEN_REQ 테이블에 100만 건의 데이터를 입력합니다.

```
INSERT INTO TB_OPEN_REQ
SELECT
    LPAD(TO_CHAR(ROWNUM), 10, '0'),
    RANDOM_DT,
    TO_CHAR(TO_DATE(RANDOM_DT, 'YYYYMMDD') + DBMS_RANDOM.VALUE(1, 30),
'YYYYMMDD'),
    LPAD(TO_CHAR(TRUNC(DBMS_RANDOM.VALUE(1, 10000))), 10, '0'),
    SYSDATE,
    'DBMSEXPERT'
FROM
```

```
(
SELECT
    TO_CHAR(SYSDATE - DBMS_RANDOM.VALUE(1, 3650), 'YYYYMMDD') RANDOM_DT
FROM DUAL
) A, DUAL CONNECT BY LEVEL <= 1000000;

COMMIT;
```

TB_DISABLE_REQ 테이블에 100만 건의 데이터를 입력합니다.

```
INSERT INTO TB_DISABLE_REQ
SELECT
    LPAD(TO_CHAR(ROWNUM), 10, '0'),
    RANDOM_DT,
    TO_DATE(RANDOM_DT||TO_CHAR(SYSDATE-864000/24/60/60, 'HH24MISS'),
'YYYYMMDDHH24MISS'),
    LPAD(TO_CHAR(TRUNC(DBMS_RANDOM.VALUE(1, 10000))), 10, '0'),
    SYSDATE,
    'DBMSEXPERT'
FROM
(
SELECT
    TO_CHAR(SYSDATE - DBMS_RANDOM.VALUE(1, 3650), 'YYYYMMDD') RANDOM_DT
FROM DUAL
) A, DUAL CONNECT BY LEVEL <= 1000000;

COMMIT;
```

TB_JOB_ORDER 테이블에 200만 건의 데이터를 입력합니다.

```
INSERT /*+ APPEND */ INTO TB_JOB_ORDER  —APPEND 힌트 사용
SELECT
    LPAD(TO_CHAR(ROWNUM), 10, '0'),
    TO_CHAR(SYSDATE - DBMS_RANDOM.VALUE(1, 3650), 'YYYYMMDD'),
    LPAD(TO_CHAR(TRUNC(DBMS_RANDOM.VALUE(1, 10000))), 10, '0'),
    LPAD(TO_CHAR(TRUNC(MOD(DBMS_RANDOM.VALUE(1, 10000), 10))), 2, '0'),
    JOB_GUBUN,
    REQ_NO,
    SYSDATE,
    'DBMSEXPERT'
```

```
FROM DUAL,
(SELECT '1' JOB_GUBUN, OPEN_REQ_NO REQ_NO
FROM TB_OPEN_REQ
UNION ALL
SELECT
    '2' JOB_GUBUN, DISABLE_REQ_NO REQ_NO
FROM TB_DISABLE_REQ
) A;

COMMIT;
```

A-3 기본키 생성

데이터를 입력한 후 기본키를 생성합니다.

```
ALTER TABLE TB_JOB_ORDER
ADD CONSTRAINT TB_JOB_ORDER_PK
PRIMARY KEY (JOB_NO);

ALTER TABLE TB_OPEN_REQ
ADD CONSTRAINT TB_OPEN_REQ_PK
PRIMARY KEY (OPEN_REQ_NO);

ALTER TABLE TB_DISABLE_REQ
ADD CONSTRAINT TB_DISABLE_REQ_PK
PRIMARY KEY (DISABLE_REQ_NO);
```

A-4 통계정보 생성

테이블과 인덱스에 대한 통계정보를 생성합니다.

```
ANALYZE TABLE TB_JOB_ORDER COMPUTE STATISTICS
FOR TABLE FOR ALL INDEXES FOR ALL INDEXED COLUMNS SIZE 254;

ANALYZE TABLE TB_OPEN_REQ COMPUTE STATISTICS FOR TABLE
FOR ALL INDEXES FOR ALL INDEXED COLUMNS SIZE 254;

ANALYZE TABLE TB_DISABLE_REQ COMPUTE STATISTICS FOR TABLE
FOR ALL INDEXES FOR ALL INDEXED COLUMNS SIZE 254;
```

B. 튜닝 전 상황

B-1 튜닝 전 SQL문

```
1   SELECT A.JOB_NO, A.WORKER_ID, A.JOB_STATUS_CD, A.REQ_NO
2   FROM TB_JOB_ORDER A, TB_OPEN_REQ B
3   WHERE A.VISIT_PRE_DT = '20151102'
4   AND A.JOB_GUBUN = '1'
5   AND A.REQ_NO = B.OPEN_REQ_NO
6   UNION ALL
7   SELECT A.JOB_NO, A.WORKER_ID, A.JOB_STATUS_CD, A.REQ_NO
8   FROM TB_JOB_ORDER A, TB_DISABLE_REQ B
9   WHERE A.VISIT_PRE_DT = '20151102'
10  AND A.JOB_GUBUN = '2'
11  AND A.REQ_NO = B.DISABLE_REQ_NO;
```

SQL 분석

2번째 줄 TB_JOB_ORDER 테이블과 TB_OPEN_REQ 테이블을 조인합니다.

8번째 줄 TB_JOB_ORDER 테이블과 TB_DISABLE_REQ 테이블을 조인합니다.

6번째 줄 각각의 SEELCT문을 UNION ALL하여 결과 집합을 도출합니다.

SQL 문제점

이 SQL에서는 가장 큰 용량의 테이블인 TB_JOB_ORDER 테이블을 두 번이나 스캔하고 있습니다. 해당 테이블을 단 한 번만 스캔하여 결과 집합을 도출한다면 훨씬 더 성능이 좋은 SQL문이 될 수 있습니다.

수행 시간

0.9초

B-2 실행 계획

ID	Operation	Name	Cost
0	SELECT STATEMENT		11333
1	UNION-ALL		

ID	Operation	Name	Cost
2	NESTED LOOPS		5666
3	TABLE ACCESS FULL	TB_JOB_ORDER	5466
4	INDEX UNIQUE SCAN	TB_OPEN_REQ_PK	1
5	NESTED LOOPS		5666
6	TABLE ACCESS FULL	TB_JOB_ORDER	5466
7	INDEX UNIQUE SCAN	TB_DISABLE_REQ_PK	1

수행 순서(ID 기준)

3 → 4 → 2 → 6 → 7 → 5 → 1 → 0

실행 계획 설명

ID	설명
3	TB_JOB_ORDER 테이블을 풀 스캔(TABLE ACCESS FULL)합니다.
4	TB_OPEN_REQ_PK 인덱스를 인덱스 유일 스캔(INDEX UNIQUE SCAN)합니다.
2	3번과 4번을 중첩 루프 조인(NESTED LOOPS)합니다.
6	TB_JOB_ORDER 테이블을 풀 스캔(TABLE ACCESS FULL)합니다.
7	TB_DISABLE_REQ_PK 인덱스를 인덱스 유일 스캔(INDEX UNIQUE SCAN)합니다.
5	6번과 7번을 중첩 루프 조인(NESTED LOOPS)합니다.
1	2번과 3번을 UNION ALL합니다.
0	SELECT문을 종료합니다.

C. 튜닝

C-1 튜닝 후 SQL문

```
1  SELECT
2    /*+ LEADING(A) USE_NL(B) USE_NL(C) */
3    A.JOB_NO, A.WORKER_ID, A.JOB_STATUS_CD, A.REQ_NO
4  FROM TB_JOB_ORDER A,
5    TB_OPEN_REQ B,
6    TB_DISABLE_REQ C
7  WHERE A.VISIT_PRE_DT = '20151102'
```

```
8    AND DECODE(A.JOB_GUBUN, '1', A.REQ_NO) = B.OPEN_REQ_NO(+)
9    AND DECODE(A.JOB_GUBUN, '2', A.REQ_NO) = C.DISABLE_REQ_NO(+);
```

SQL 분석

2번째 줄 LEADING 힌트를 이용하여 TB_JOB_ORDER 테이블을 Outer 테이블로 지정하고, USE_NL 힌트를 이용하여 TB_OPEN_REQ 테이블을 Inner 테이블로 지정합니다. TB_ORD_ORDER 테이블과 TB_OPEN_REQ 테이블의 중첩 루프 조인 결과가 나오면 해당 결과를 Outer 테이블로 하고, TB_DISABLE_REQ 테이블을 Inner 테이블로 하여 중첩 루프 조인합니다.

8번째 줄 TB_ORD_ORDER 테이블의 JOB_GUBUN의 값이 '1'인 경우 TB_OPEN_REQ 테이블과 Left 아우터 조인합니다.

9번째 줄 TB_ORD_ORDER 테이블의 JOB_GUBUN의 값이 '2'인 경우 TB_DISABLE_REQ 테이블과 Left 아우터 조인합니다.

수행 시간

0.5초(기존 0.9초)

C-2 실행 계획

ID	Operation	Name	Cost
0	SELECT STATEMENT		45492
1	NESTED LOOPS OUTER		45492
2	NESTED LOOPS OUTER		25479
3	TABLE ACCESS FULL	TB_JOB_ORDER	5466
4	INDEX UNIQUE SCAN	TB_OPEN_REQ_PK	1
5	INDEX UNIQUE SCAN	TB_DISABLE_REQ_PK	1

수행 순서(ID 기준)

3 → 4 → 2 → 5 → 1 → 0

실행 계획 설명

ID	설명
3	TB_JOB_ORDER 테이블을 풀 스캔(TABLE ACCESS FULL)합니다.
4	TB_OPEN_REQ_PK 인덱스를 인덱스 유일 스캔(INDEX UNIQUE SCAN)합니다.
2	3번과 4번을 중첩 루프 아우터 조인(NESTED LOOPS OUTER)합니다.
5	TB_DISABLE_REQ_PK 인덱스를 인덱스 유일 스캔(INDEX UNIQUE SCAN)합니다.
1	2번과 5번을 중첩 루프 아우터 조인(NESTED LOOPS OUTER)합니다.
0	SELECT절의 연산을 수행합니다.

실습 3-6 아우터 조인을 스칼라 서브쿼리 방식으로 변환하여 성능 극대화하기

A. 실습 준비

A-1 테이블 생성

TB_TRD_DAY 테이블을 생성합니다.

```
CREATE TABLE TB_TRD_DAY
(
    TRD_DT VARCHAR2(8),   --거래일자
    INSU_CD      VARCHAR2(4),   --인수코드
    INSU_DETAIL_CD VARCHAR2(6),  --인수상세코드
    TRD_CNT     NUMBER,   --거래건수
    CNCL_CNT NUMBER,   --취소건수
    EXPORTER_NO    VARCHAR2(10)  --수출자번호
);
```

TB_EXPORTER 테이블을 생성합니다.

```
CREATE TABLE TB_EXPORTER
(
    EXPORTER_NO    VARCHAR2(10),  --수출자번호
    EXPORTER_NM VARCHAR2(50)  --수출자명
);
```

A-2 데이터 입력

TB_EXPORTER 테이블에 10만 건의 데이터를 입력합니다.

```
INSERT INTO TB_EXPORTER
SELECT
LPAD(TO_CHAR(ROWNUM), 10, '0'),
DBMS_RANDOM.STRING('U', 50)
FROM DUAL CONNECT BY LEVEL <= 100000;

COMMIT;
```

TB_TRD_DAY 테이블을 NOLOGGING 모드로 설정합니다.

```
ALTER TABLE TB_TRD_DAY NOLOGGING;
```

TB_TRD_DAY 테이블에 100만 건의 데이터를 입력하였습니다.

```
INSERT /*+ APPEND */ INTO TB_TRD_DAY A —APPEND 힌트 사용
SELECT
TO_CHAR(SYSDATE - TRUNC(DBMS_RANDOM.VALUE(0, 3650)), 'YYYYMMDD'),
LPAD(TO_CHAR(TRUNC(DBMS_RANDOM.VALUE(1, 9999))), 4, '0'),
LPAD(TO_CHAR(ROWNUM), 6, '0'),
TRUNC(DBMS_RANDOM.VALUE(1, 999)),
TRUNC(DBMS_RANDOM.VALUE(1, 999)),
B.EXPORTER_NO
FROM TB_EXPORTER B ,(SELECT LEVEL LV FROM DUAL CONNECT BY LEVEL <= 10);

COMMIT;
```

A-3 기본키 생성

데이터를 입력한 후 기본키를 생성합니다.

```
ALTER TABLE TB_TRD_DAY
ADD CONSTRAINT TB_TRD_DAY_PK
PRIMARY KEY (TRD_DT, INSU_CD, INSU_DETAIL_CD);

ALTER TABLE TB_EXPORTER
```

```
ADD CONSTRAINT TB_EXPORTER_PK
PRIMARY KEY (EXPORTER_NO);
```

A-4 통계정보 생성

테이블과 인덱스에 대한 통계정보를 생성합니다.

```
ANALYZE TABLE TB_EXPORTER COMPUTE STATISTICS
FOR TABLE FOR ALL INDEXES FOR ALL INDEXED COLUMNS SIZE 254;

ANALYZE TABLE TB_TRD_DAY COMPUTE STATISTICS
FOR TABLE FOR ALL INDEXES FOR ALL INDEXED COLUMNS SIZE 254;
```

B. 튜닝 전 상황

B-1 튜닝 전 SQL문

```
1   SELECT
2   /*+ LEADING(A) USE_NL(B) INDEX(A TB_TRD_DAY_PK) */
3       A.EXPORTER_NO,
4       B.EXPORTER_NM,
5       SUM(A.TRD_CNT - A.CNCL_CNT) TOT_CNT
6   FROM TB_TRD_DAY A LEFT OUTER JOIN
7        TB_EXPORTER B
8   ON ( A.EXPORTER_NO = B.EXPORTER_NO)
9   AND A.TRD_DT BETWEEN '20100101' AND '20151231'
10  GROUP BY A.EXPORTER_NO, B.EXPORTER_NM
11  ORDER BY A.EXPORTER_NO;
```

SQL 분석

2번째 줄 LEADING 힌트를 이용하여 TB_TRD_DAY 테이블 Outer 테이블로 지정합니다. USE_NL 힌트를 이용하여 TB_EXPORTER 테이블을 Inner 테이블로 지정하고 중첩 루프 조인 처리가 되도록 합니다. INDEX 힌트를 이용하여 TB_TRD_DAY_PK 인덱스를 사용하도록 합니다.

6번째 줄 TB_TRD_DAY 테이블을 기준으로 Left 아우터 조인 처리를 합니다.

7번째 줄 TB_EXPERTER 테이블은 Outer 테이블이 되었습니다.

SQL의 문제점

Outer 테이블인 TB_EXPORTER 테이블 내에 EXPORER_NM 컬럼만 SELECT절에 있습니다. 이러한 경우 TB_EXPORTER 테이블을 반드시 아우터 조인할 필요 없으므로 스칼라 서브쿼리로 변환한다면 성능 향상을 꾀할 수 있습니다.

수행 시간

9.2초

B-2 실행 계획

ID	Operation	Name	Cost
0	SELECT STATEMENT		2005426
1	SORT GROUP BY		2005426
2	NESTED LOOPS OUTER		2005362
3	TABLE ACCESS BY INDEX ROWID	TB_TRD_DAY	1004715
4	INDEX FULL SCAN	TB_TRD_DAY_PK	4348
5	TABLE ACCESS BY INDEX ROWID	TB_EXPORTER	1
6	INDEX UNIQUE SCAN	TB_EXPORTER_PK	0

수행 순서(ID 기준)

4 → 3 → 6 → 5 → 2 → 1 → 0

실행 계획 설명

ID	설명
4	TB_TRD_DAY_PK 인덱스를 인덱스 풀 스캔(TABLE ACCESS FULL)합니다.
3	4번에서 나온 ROWID를 이용하여 TB_TRD_DAY 테이블을 테이블 랜덤 액세스(TABLE ACCESS BY INDEX ROWID)합니다.
6	TB_EXPROTER_PK 인덱스를 인덱스 유일 스캔(INDEX UNIQUE SCAN)합니다.
5	6번에서 ROWID를 이용하여 TB_EXPROTER 테이블을 테이블 랜덤 액세스(TABLE ACCESS BY INDEX ROWID)합니다.

ID	설명
2	3번과 5번을 중첩 루프 아우터 조인(NESTED LOOPS OUTER)합니다.
1	SORT와 GROUP BY 연산을 수행합니다.
0	SELECT절의 연산을 수행합니다.

C. 튜닝

C-1 튜닝 후 SQL문

```
1   SELECT
2       X.EXPORTER_NO,
3       (SELECT B.EXPORTER_NM
4       FROM TB_EXPORTER B
5       WHERE
6           B.EXPORTER_NO = X.EXPORTER_NO), TOT_CNT
7   FROM
8   (SELECT
9       A.EXPORTER_NO,
10      SUM(A.TRD_CNT-A.CNCL_CNT) TOT_CNT
11  FROM TB_TRD_DAY A
12  WHERE
13      A.TRD_DT BETWEEN '20100101' AND '20151231'
14      GROUP BY A.EXPORTER_NO
15      ORDER BY A.EXPORTER_NO
16  ) X ;
```

SQL 분석

8~16번째 줄 TB_TRD_DAY 테이블을 인라인 뷰를 이용하여 원하는 데이터를 가져왔습니다.

3~6번째 줄 스칼라 서브쿼리를 이용하여 TB_EXPORTER 테이블을 스캔하여 EXPORTER_NM을 가져오게 하였습니다. 스칼라 서브쿼리의 캐싱 효과로 인해 성능이 향상됩니다.

수행 시간

1.7초(기존 9.2초)

C-4 실행 계획

ID	Operation	Name	Cost
0	SELECT STATEMENT		1773
1	TABLE ACCESS BY INDEX ROWID	TB_EXPORTER	2
2	INDEX UNIQUE SCAN	TB_EXPORTER_PK	1
3	VIEW		1773
4	SORT GROUP BY		1773
5	TABLE ACCESS FULL	TB_TRD_DAY	1736

수행 순서(ID 기준)

5 → 4 → 3 → 2 → 1 → 0

실행 계획 설명

ID	설명
5	TB_TRD_DAY 테이블을 테이블 풀 스캔(TABLE ACCESS FULL)합니다. 테이블 풀 스캔이 더 유리하다는 옵티마이저의 판단입니다.
4	SORT와 GROUP BY 연산을 수행합니다.
3	해당 결과를 인라인 뷰(VIEW)로 생성합니다.
2	TB_EXPORTER_PK 인덱스를 인덱스 유일 스캔(INDEX UNIQUE SCAN)합니다.
1	EXPORTER_NM 컬럼의 값을 가져오기 위해 테이블 랜덤 액세스(TABLE ACCESS BY INDEX ROWID)를 수행합니다.
0	SELECT절의 연산을 수행합니다.

chapter 4
함수 튜닝

SQL도 프로그래밍과 마찬가지로 반복적으로 수행되는 연산을 함수로 구현하여 사용합니다. 이 장에서는 강력한 기능을 가지고 있지만 널리 사용되지 못하는 분석 함수를 이용한 튜닝 기법과 많은 SQL문에서 사용되지만 적절한 사용법을 적용하지 않아 DBMS 부하의 주원인이 되는 사용자 정의 함수의 튜닝 기법에 대해 배우겠습니다.

4.1 분석 함수 튜닝

4.1.1 집계 함수의 한계

흔히 사용하는 SUM ( ), AVG ( ), COUNT ( ) 같은 집계 함수Aggregate Function는 SQL문에서 나온 결과 행들이 여러 개(N)라면, 집계 함수를 사용함으로써 결과 행의 건수가 N보다 적어지는 한계가 있습니다. 즉, 집계 함수는 결과 행의 건수를 보장하지 않습니다.

[집계 함수의 사용]
```
SELECT
    SUM(SAL),
    ROUND(AVG(SAL), 2),
    COUNT(*)
FROM EMP;
```

EMP 테이블에는 현재 14건의 행이 있지만, 집계 함수를 사용하면 결과 건수는 1
건이 되어 버립니다.

[집계 함수의 결과]

```
SUM(SAL)    ROUND(AVG(SAL),2)   COUNT(*)
29025       2073.21             14
```

연봉합계, 연봉평균, 총사원수만을 뽑는 것이 목적이었다면 최상의 SQL문일 것
입니다. 하지만 집계 내역을 뽑으면서 사원의 대한 정보도 같이 보고 싶다면 집계
함수는 적합하지 않습니다. 이 경우 분석 함수가 유용하게 사용됩니다.

4.1.2 분석 함수의 유용성

분석 함수$^{Analytic Function}$는 WHERE절을 통해 나온 행들을 대상으로 다양한 집계나
통계를 구할 때 사용하는 함수입니다. Oracle Database 10g 버전부터 지원하
기 시작하였으며 분석 함수의 등장으로 인해 기존의 복잡했던 SQL문들이 매우
간단해졌습니다.

분석 함수를 사용하면 다음과 같이 다양한 통계를 간단한 SQL로 구현할 수 있습
니다.

[분석 함수의 사용]

```
SELECT
    EMPNO,
    ENAME,
    JOB,
    SAL,
DEPTNO,
    SUM(SAL) OVER() 연봉합계,
    ROUND(AVG(SAL) OVER(), 2) 연봉평균,
    COUNT(*) OVER() 건수
FROM EMP;
```

이와 같이 EMP 테이블의 다양한 정보를 출력하면서 기존에 추출하고 싶었던 연봉합계, 연봉평균, 총사원수도 같이 출력하도록 SQL문을 구성하였습니다. 이것이 바로 분석 함수의 핵심 기능입니다. 즉, 분석 함수를 통해 다양한 통계와 소계를 구할 수 있습니다.

표 4-1 분석 함수를 사용한 결과

EMPNO	ENAME	JOB	SAL	DEPTNO	연봉합계	연봉평균	건수
7369	SMITH	CLERK	800	1900-01-20	29025	2073.21	14
7499	ALLEN	SALESMAN	1600	1900-01-30	29025	2073.21	14
7521	WARD	SALESMAN	1250	1900-01-30	29025	2073.21	14
7566	JONES	MANAGER	2975	1900-01-20	29025	2073.21	14
7654	MARTIN	SALESMAN	1250	1900-01-30	29025	2073.21	14
7698	BLAKE	MANAGER	2850	1900-01-30	29025	2073.21	14
7782	CLARK	MANAGER	2450	1900-01-10	29025	2073.21	14
7788	SCOTT	ANALYST	3000	1900-01-20	29025	2073.21	14
7839	KING	PRESIDENT	5000	1900-01-10	29025	2073.21	14
7844	TURNER	SALESMAN	1500	1900-01-30	29025	2073.21	14
7876	ADAMS	CLERK	1100	1900-01-20	29025	2073.21	14
7900	JAMES	CLERK	950	1900-01-30	29025	2073.21	14
7902	FORD	ANALYST	3000	1900-01-20	29025	2073.21	14
7934	MILLER	CLERK	1300	1900-01-10	29025	2073.21	14

결과 행의 건수를 보장하면서 추가로 연봉 합계, 연봉 평균, 전체 건수를 구하였습니다.

4.1.3 분석 함수 튜닝

분석 함수 튜닝이란 분석 함수를 이용하여 SQL문의 성능을 극대화하는 모든 활동을 의미합니다. 분석 함수를 이용한다면 동일 테이블의 반복 스캔 또는 조인을 생략하고 간단하게 원하는 결과를 추출할 수 있습니다.

4.1.4 주요 분석 함수

RANK

(가) 설명

RANK 함수는 SELECT문의 결과 내에서 특정 조건에 따른 순위를 구하는데, 동일한 값은 동일한 순위가 매겨 집니다.

(나) 사용법

```
RANK() OVER(순위 조건)
```

(다) 예제

EMP 테이블 내에 SAL 컬럼의 값 순서대로 순위를 매겨 주는 SQL문입니다.

```
SELECT
    EMPNO,
    SAL,
    RANK() OVER(ORDER BY SAL) RANK
FROM EMP;
```

ROW_NUMBER

(가) 설명

ROW_NUMBER 함수는 SELECT문의 결과 내에서 특정 조건에 따른 순위를 구하는데, 동일한 값이라도 다른 순위를 매겨 줍니다. 즉, 시퀀스를 구하는 용도로 자주 사용합니다.

(나) 사용법

```
ROW_NUMBER() OVER(순위 조건)
```

(다) 예제

EMP 테이블 내에 SAL 컬럼의 값 순서대로 시퀀스를 출력하는 SQL문입니다.

```
SELECT
    EMPNO,
    SAL,
    ROW_NUMBER() OVER
    (ORDER BY SAL) RANK
FROM EMP;
```

SUM

(가) 설명

SUM 함수는 SELECT문 결과 내에서 특정 값의 합계를 계산하는 함수입니다.

(나) 사용법

SUM(대상값) OVER(합계조건)

(다) 예제

SAL 값의 누적합계를 보여 주는 SQL문입니다. 'UNBOUNDED PRECEDING AND CURRENT 행'과 같은 조건을 줌으로써 SAL 컬럼 기준으로 정렬한 상태에서 각각의 행은 첫 행에서 현재 행까지의 합계를 산출하게 됩니다.

```
SELECT
    EMPNO,
    SAL,
    SUM(SAL) OVER(ORDER BY SAL
                행들 BETWEEN
                UNBOUNDED PRECEDING AND CURRENT 행
                ) RANK
FROM EMP;
```

MAX

(가) 설명

MAX 함수는 해당 SELECT문 결과 내에서 특정 조건에 따른 최대값을 구하는 함수입니다.

(나) 사용법

MAX(대상값) OVER(조건절)

(다) 예제

다음은 MAX 함수를 사용하여 DEPTNO 컬럼별로 가장 큰 SAL 컬럼의 값을 찾는 SQL문입니다.

```
SELECT
    EMPNO,
    SAL,
    DEPTNO,
    MAX(SAL) OVER(PARTITION BY DEPTNO)
FROM EMP
```

AVG

(가) 설명

AVG 함수는 해당 SELECT문 결과 내에서 특정 조건에 따른 평균값을 구하는 함수입니다.

(나) 사용법

AVG(대상값) OVER(조건절)

(다) 예제

다음은 AVG 함수를 사용하여 DEPTNO 컬럼별 SAL 컬럼의 평균값을 찾는 SQL 문입니다.

```sql
SELECT
    EMPNO,
    SAL,
    DEPTNO,
    AVG(SAL) OVER(PARTITION BY DEPTNO)
FROM EMP;
```

실습 4-1 RANK 함수를 이용하여 반복적인 테이블 스캔 제거하기

A. 실습 준비

A-1 테이블 생성

TB_ORD 테이블을 생성합니다.

```sql
CREATE TABLE TB_ORD
(
    ORD_NO VARCHAR2(10),   —주문번호
    ORD_DT VARCHAR2(8),    —주문일자
    ORD_AMT NUMBER(15),    —주문금액
    PRDT_CD VARCHAR2(6),   —제품코드
    CUST_ID VARCHAR2(10),  —고객ID
    INST_ID VARCHAR2(10),  —입력자
    INST_DTM DATE,         —입력일시
    UPDT_ID VARCHAR2(10),  —수정자
    UPDT_DTM DATE          —수정일시
);
```

A-2 데이터 입력

테이블 복제를 위해 DUAL_100 테이블을 생성합니다.

```
CREATE TABLE DUAL_100 (DUMMY VARCHAR2(1));

INSERT INTO DUAL_100
SELECT DUMMY FROM DUAL CONNECT BY LEVEL <= 100;

COMMIT;
```

TB_ORD 테이블을 NOLOGGING 모드로 설정합니다.

```
ALTER TABLE TB_ORD NOLOGGING;
```

TB_ORD 테이블에 1,000만 건(100×100000)의 데이터를 입력합니다.

```
INSERT /*+ APPEND */ INTO TB_ORD —APPEND 힌트 사용
SELECT
LPAD(TO_CHAR(ROWNUM), 10, '0'),
TO_CHAR(SYSDATE - TRUNC(DBMS_RANDOM.VALUE(1, 3650)), 'YYYYMMDD'),
TRUNC(DBMS_RANDOM.VALUE(100, 1000000)),
LPAD(TO_CHAR(TRUNC(DBMS_RANDOM.VALUE(1, 999999))), 6, '0'),
LPAD(TO_CHAR(TRUNC(DBMS_RANDOM.VALUE(1, 999999))), 10, '0'),
'DBMSEXPERT',
SYSDATE,
NULL,
NULL
FROM DUAL_100, (SELECT LEVEL LV FROM DUAL CONNECT BY LEVEL <= 100000);

COMMIT;
```

A-3 기본키 생성

데이터를 입력한 후 기본키를 생성합니다.

```
ALTER TABLE TB_ORD
ADD CONSTRAINT TB_ORD_PK
PRIMARY KEY (ORD_NO);
```

A-4 통계정보 생성

테이블과 인덱스의 통계정보를 생성합니다.

```
ANALYZE TABLE TB_ORD COMPUTE STATISTICS
FOR TABLE FOR ALL INDEXES FOR ALL INDEXED COLUMNS SIZE 254;
```

B. 튜닝 전 상황

B-1 튜닝 전 SQL문

```
1   SELECT
2     Y.*
3   FROM
4   (
5     SELECT /*+ NO_MERGE*/ORD_DT, MAX(ORD_AMT)
6     AS ORD_AMT
7     FROM TB_ORD
8     WHERE ORD_DT BETWEEN TO_CHAR(SYSDATE-30, 'YYYYMMDD') AND TO_CHAR(SYSDATE,
          'YYYYMMDD')
9     GROUP BY ORD_DT
10  ) X,
11  TB_ORD Y
12  WHERE Y.ORD_DT = X.ORD_DT
13  AND Y.ORD_AMT = X.ORD_AMT
14  ORDER BY Y.ORD_DT;
```

SQL 분석

5번째 줄 NO_MERGE 힌트를 사용함으로써 인라인 뷰가 View Merging되어 메인쿼리인 TB_ORD Y와 같은 레벨에서 수행되는 것을 방지해 줍니다. 즉, 인라인 뷰 X 내의 SQL은 해당 인라인 뷰 내에서 처리하게 합니다.

SQL의 문제점

TB_ORD 테이블에는 별도의 인덱스가 존재하지 않지만, 이 SQL은 TB_ORD 테이블을 2번 스캔하고 있습니다. 이러한 SQL은 분석 함수를 이용하여 한 번만 스캔하도록 튜닝해야 합니다.

수행 시간

4.3초

B-2 실행 계획

ID	Operation	Name	Cost
0	SELECT STATEMENT		51253
1	SORT ORDER BY		51253
2	HASH JOIN		51252
3	VIEW		25561
4	HASH GROUP BY		25561
5	TABLE ACCESS FULL	TB_ORD	25559
6	TABLE ACCESS FULL	TB_ORD	25620

수행 순서(ID 기준)

5 → 4 → 3 → 6 → 2 → 1 → 0

실행 계획 설명

ID	설명
5	인라인 뷰 내에 TB_ORD 테이블을 테이블 풀 스캔(TABLE ACCESS FULL)합니다.
4	GROUP BY 연산을 수행합니다.
3	4번 연산에 대한 인라인 뷰(VIEW)입니다.
6	TB_ORD 테이블을 테이블 풀 스캔(TABLE ACCESS FULL)합니다.
2	3번과 4번의 연산을 해시 조인(HASH JOIN)합니다.
1	소팅 연산(SORT ORDER BY)을 수행합니다.
0	SELECT절의 연산을 수행합니다.

C. 튜닝

C-1 튜닝 후 SQL문

1　SELECT

```
2        ORD_NO,
4        ORD_DT,
4        ORD_AMT,
5        PRDT_CD,
6        CUST_ID,
7        INST_ID,
8        INST_DTM,
9        UPDT_ID,
10       UPDT_DTM
11  FROM
12  (
13       SELECT
14            ORD_NO,
15            ORD_DT,
16            ORD_AMT,
17            PRDT_CD,
18            CUST_ID,
19            INST_ID,
20            INST_DTM,
21            UPDT_ID,
22            UPDT_DTM,
23            RANK() OVER(PARTITION BY ORD_DT
24                 ORDER BY ORD_AMT DESC) AS RN
25       FROM TB_ORD
26       WHERE ORD_DT BETWEEN TO_CHAR(SYSDATE-30, 'YYYYMMDD') AND TO_CHAR(SYSDATE,
         'YYYYMMDD'))
27  WHERE RN = 1
28  ORDER BY ORD_DT;
```

SQL 분석

23~24번째 줄 RANK 함수를 사용하여 ORD_DT별 ORD_AMT의 내림차순 순위를 구하였습니다.

28번째 줄 RANK 함수로 구한 순위 중 1위인 건만 추출하였습니다.

수행 시간

2.1초 (기존 4.3초)

C-2 실행 계획

ID	Operation	Name	Cost
0	SELECT STATEMENT		25950
1	VIEW		25950
2	WINDOW SORT PUSHED RANK		25950
3	TABLE ACCESS FULL	TB_ORD	25559

수행 순서(ID 기준)

3 → 2 → 1 → 0

실행 계획 설명

ID	설명
3	인라인 뷰 내에 TB_ORD 테이블을 테이블 풀 스캔(TABLE ACCESS FULL)합니다
2	RANK 함수 연산을 수행합니다.
1	3번 연산에 대한 인라인 뷰(VIEW) 입니다.
0	SELECT절의 연산을 수행합니다.

실습 4-2 SUM 함수를 이용하여 반복적인 테이블 스캔 제거하기

A. 실습 준비

A-1 테이블 생성

TB_SALE_MONTH 테이블을 생성합니다.

```
CREATE TABLE TB_SALE_MONTH
(
    AGENT_NO VARCHAR2(4),
    YYYYMM VARCHAR2(6),
    SALE_AMT NUMBER(9)
);
```

A-2 데이터 입력

TB_SALE_MONTH 테이블을 NOLOGGING 모드로 설정합니다.

```
ALTER TABLE TB_SALE_MONTH NOLOGGING;
```

TB_SALE_MONTH 테이블에 119만 9,880건(120×9999)의 데이터를 입력합니다.

```
INSERT /*+ APPEND */ INTO TB_SALE_MONTH --APPEND 힌트 사용
SELECT
    LPAD(TO_CHAR(B.LV), 4, '0'),
    A.YYYYMM,
    TRUNC(DBMS_RANDOM.VALUE(100000, 10000000), -3)
FROM
(
SELECT
    TO_CHAR(ADD_MONTHS(SYSDATE, -ROWNUM+1), 'YYYYMM') YYYYMM
FROM DUAL CONNECT BY LEVEL <= 120
) A, ( SELECT LEVEL LV FROM DUAL CONNECT BY LEVEL <= 9999) B;

COMMIT;
```

A-3 기본키 생성

데이터를 입력한 후 기본키를 생성합니다.

```
ALTER TABLE TB_SALE_MONTH
ADD CONSTRAINT TB_SALE_MONTH_PK
PRIMARY KEY (AGENT_NO, YYYYMM);
```

A-4 통계정보 생성

테이블과 인덱스에 대한 통계정보를 생성합니다.

```
ANALYZE TABLE TB_SALE_MONTH COMPUTE STATISTICS
FOR TABLE FOR ALL INDEXES FOR ALL INDEXED COLUMNS SIZE 254;
```

B. 튜닝 전 상황

B-1 튜닝 전 SQL문

```
1  SELECT
2    A.AGENT_NO, A.YYYYMM, MIN(A.SALE_AMT), SUM(B.SALE_AMT)
3  FROM
4    TB_SALE_MONTH A,
5    TB_SALE_MONTH B
6  WHERE A.YYYYMM >= B.YYYYMM
7    AND A.AGENT_NO = B.AGENT_NO
8  GROUP BY A.AGENT_NO, A.YYYYMM
9  ORDER BY A.AGENT_NO, A.YYYYMM;
```

SQL 분석

6번째 줄 월별 누적 합을 구하기 위해서 'B'는 'A'보다 작아야 합니다.

7번째 줄 AGENT_NO 컬럼을 기준으로 조인 조건을 걸어 줍니다. 이렇게 함으로써 AGENT_NO별 합계를 구할 수 있습니다.

SQL 문제점

TB_SALE_MONTH 테이블을 2번 스캔하고 있습니다. SUM 분석 함수를 사용한다면 해당 테이블을 단 한 번만 스캔하여 결과를 도출할 수 있습니다.

수행 시간

2분 21초

B-2 실행 계획

ID	Operation	Name	Cost
0	SELECT STATEMENT		6943
1	SORT GROUP BY		6943
2	HASH JOIN		6475
3	TABLE ACCESS FULL	TB_SALE_MONTH	1005
4	TABLE ACCESS FULL	TB_SALE_MONTH	1005

수행 순서(ID 기준)

3 → 4 → 2 → 1 → 0

실행 계획 설명

ID	설명
3	TB_SALE_MONTH 테이블을 테이블 풀 스캔(TABLE ACCESS FULL)합니다.
4	TB_SALE_MONTH 테이블을 테이블 풀 스캔(TABLE ACCESS FULL)합니다.
2	3번과 4번을 해시 조인(HASH JOIN)합니다.
1	GROUP BY 연산을 합니다.
0	SELECT절의 연산을 수행합니다.

C. 튜닝

C-1 튜닝 후 SQL문

```
1  SELECT
2      AGENT_NO, YYYYMM, SALE_AMT,
3      SUM(SALE_AMT) OVER
4      (PARTITION BY AGENT_NO
5          ORDER BY AGENT_NO, YYYYMM
6          ROWS BETWEEN UNBOUNDED PRECEDING AND CURRENT ROW)
7  FROM TB_SALE_MONTH ;
```

SQL 분석

3번째 줄 분석 함수인 SUM 함수를 이용합니다.

4번째 줄 AGENT_NO 컬럼을 기준으로 잡습니다.

5번째 줄 AGENT_NO과 YYYYMM 컬럼을 기준으로 정렬을 수행합니다.

6번째 줄 합계 연산의 범위를 지정합니다. 맨 처음부터 현재 행까지의 합계를 냅니다.

수행 시간

8초(기존 2분 21초)

C-2 실행 계획

ID	Operation	Name	Cost
0	SELECT STATEMENT		8333
1	WINDOW SORT		8333
2	TABLE ACCESS FULL	TB_SALE_MONTH	1005

수행 순서(ID 기준)

2 → 1 → 0

실행 계획 설명

ID	설명
2	'TB_SALE_MONTH' 테이블을 풀 스캔(TABLE ACCESS FULL)합니다.
1	SUM 분석 함수를 수행합니다.
0	SELECT절의 연산을 수행합니다.

4.2 사용자 정의 함수 튜닝

4.2.1 사용자 정의 함수

사용자 정의 함수User Defined Function는 특정 업무 프로세스를 사용자가 정의해 놓고 필요할 때마다 호출하여 사용하는 함수를 의미합니다.

다음 함수는 특정 사원번호의 급여를 10% 인상한 후 인상된 급여를 리턴하는 사용자 정의 함수입니다.

```
[작성 방법]
CREATE OR REPLACE FUNCTION FC_UPDATE_SAL
(V_EMPNO IN NUMBER)
      RETURN  NUMBER
   IS
   V_SAL   EMP.SAL%TYPE;
```

```
    BEGIN
    UPDATE EMP
    SET SAL  = SAL  * 1.1
    WHERE EMPNO  = V_EMPNO;
    COMMIT;
    SELECT SAL
    INTO V_SAL
    FROM EMP
    WHERE EMPNO = V_EMPNO;
    RETURN V_SAL;
    END;
/
```

사원번호 '7369'의 10% 인상된 급여를 리턴합니다.

[호출 방법]
```
SELECT FC_UPDATE_SAL(7369)
FROM DUAL;
```

4.2.2 사용자 정의 함수의 재귀 호출 부하

오라클에는 내장 함수Built-In Function와 사용자 정의 함수User Defined Function가 있습니다. 내장 함수는 우리가 일반적으로 알고 있는 NVL, DECODE 등을 의미합니다. 내장 함수는 DBMS 엔진 내에 네이티브Native 코드로, 컴파일된 상태로 존재하므로 빠른 속도를 보장합니다. 하지만 사용자 정의 함수는 오라클 내에 존재하는 PL/SQL 가상 머신 내에서 구동되어 내장 함수보다 컨텍스트 스위칭Context-Switching 부하가 발생합니다. 이러한 부하를 오라클에서는 재귀 호출Recursive Call 부하라고 합니다.

4.2.3 사용자 정의 함수 튜닝

기본으로는 사용자 정의 함수를 사용하지 않는 편이 좋지만, 반드시 사용해야 하는 상황이라면 성능을 고려하여 SQL 튜닝을 진행하여야 합니다. '사용자 정의 함수 튜닝'이란 사용자 정의 함수를 사용하여 발생하는 재귀 호출 부하를 최소화하는 일련의 모든 활동을 의미합니다.

실습 4-3 재귀 호출 부하 최소화하기

A. 실습 준비

A-1 테이블 생성

TB_EMP 테이블을 생성합니다.

```
CREATE TABLE TB_EMP
(
    EMP_NO VARCHAR2(10),  --사원번호
    EMP_NM VARCHAR2(50),  --사원명
    JOB_CD VARCHAR2(6),   --직업코드
    JOIN_DT VARCHAR2(8),  --입사일자
    SAL NUMBER(15),       --급여
    DEPT_NO VARCHAR2(6)   --부서번호
);
```

A-2 데이터 입력

TB_EMP 테이블에 10만 건의 데이터를 입력합니다.

```
INSERT INTO TB_EMP
SELECT
    LPAD(TO_CHAR(ROWNUM), 10, '0'),
    DBMS_RANDOM.STRING('U', 50),
    LPAD(TO_CHAR(TRUNC(DBMS_RANDOM.VALUE(1, 100))), 6, '0'),
    TO_CHAR(SYSDATE - TRUNC(DBMS_RANDOM.VALUE(1, 3650)), 'YYYYMMDD'),
    TRUNC(DBMS_RANDOM.VALUE(1200, 12000)),
    LPAD(TO_CHAR(TRUNC(DBMS_RANDOM.VALUE(1, 50))), 6, '0')
FROM DUAL CONNECT BY LEVEL <= 100000;

COMMIT;
```

A-3 기본키 생성

데이터를 입력한 후 기본키를 생성합니다.

```
ALTER TABLE TB_EMP
ADD CONSTRAINT TB_EMP_PK
PRIMARY KEY(EMP_NO);
```

A-4 인덱스 구성

DEPT_NO 컬럼으로 구성된 인덱스를 생성합니다.

```
CREATE INDEX TB_EMP_IDX01 ON TB_EMP(DEPT_NO);
```

A-5 통계정보 생성

테이블과 인덱스의 대한 통계정보를 생성합니다.

```
ANALYZE TABLE TB_EMP COMPUTE STATISTICS
FOR TABLE FOR ALL INDEXES FOR ALL INDEXED COLUMNS SIZE 254;
```

A-6 사용자 정의 함수 생성

특정 부서의 사원수를 리턴하는 사용자 정의 함수를 생성합니다.

```
CREATE OR REPLACE FUNCTION FN_GET_EMP_CNT(IN_DEPT_NO IN VARCHAR2)
RETURN NUMBER
AS
    CNT NUMBER;
BEGIN
    SELECT  COUNT(*)
    INTO    CNT
    FROM    TB_EMP A
    WHERE   A.DEPT_NO = IN_DEPT_NO;
    RETURN (CNT);
END;
/
```

B. 튜닝 전 상황

B-1 튜닝 전 SQL문

```
1   SELECT
2       A.*,
3       CASE
4           WHEN A.EMP_CNT BETWEEN 0 AND 5
5               THEN '5명 이하'
6           WHEN A.EMP_CNT BETWEEN 6 AND 10
7               THEN '10명 이하'
8           WHEN A.EMP_CNT BETWEEN 11 AND 100
10              THEN '100명 이하'
11          WHEN A.EMP_CNT BETWEEN 101 AND 1000
12              THEN '1000명 이하'
13          ELSE '1000명 초과'
14      END AS 소속부서사원수
15  FROM
16      (SELECT
17          EMP_NO,
18          EMP_NM, DEPT_NO,
19          FN_GET_EMP_CNT(DEPT_NO) AS EMP_CNT
20      FROM TB_EMP
21      ) A
22  ORDER BY EMP_NM;
```

SQL 분석

19번째 줄 FN_GET_EMP_CNT 함수로 부서별 사원수를 구합니다.

SQL 문제점

TB_EMP 테이블에는 10만 건의 데이터가 존재하므로 FN_GET_EMP_CNT 함수는 총 10만 번 호출됩니다. 이러한 경우 재귀 호출 부하가 발생하게 되어 DBMS를 장애 상황으로 몰고 갈 수 있습니다.

수행 시간

2분 13초

B-2 실행 계획

ID	Operation	Name	Cost
0	SELECT STATEMENT		1482
1	SORT ORDER BY		1482
2	TABLE ACCESS FULL	TB_EMP	377

수행 순서(ID 기준)

2 → 1 → 0

실행 계획 설명

ID	설명
2	TB_EMP 테이블을 테이블 풀 스캔(TABLE ACCESS FULL)합니다.
1	소팅 연산(SORT ORDER BY)을 수행합니다.
0	SELECT절의 연산을 수행합니다.

C. 튜닝

C-1 튜닝 후 SQL문

```
1   SELECT
2       A.*,
3       CASE
4           WHEN
5               A.EMP_CNT BETWEEN 0 AND 5
6               THEN '5명 이하'
7           WHEN
8               A.EMP_CNT BETWEEN 6 AND 10
9               THEN '10명 이하'
10          WHEN A.EMP_CNT BETWEEN 11 AND 100
11              THEN '100명 이하'
12          WHEN A.EMP_CNT BETWEEN 101 AND 1000
13              THEN '1000명 이하'
14          ELSE '1000명 초과'
15      END AS 소속부서사원수
16  FROM
```

```
17      (SELECT
18          EMP_NO, EMP_NM, DEPT_NO,
19          (SELECT
20              FN_GET_EMP_CNT(DEPT_NO)
21          FROM DUAL
22          ) AS EMP_CNT
23      FROM TB_EMP
24      ) A
25  ORDER BY EMP_NM;
```

SQL 분석

19~22번째 줄 사용자 정의 함수 호출 부분을 DUAL 테이블을 이용하여 스칼라 서브쿼리로 구성하였습니다. 이렇게 하면 스칼라 서브쿼리의 캐싱 효과로 인하여 극적인 성능 향상을 이루게 됩니다.

다음의 SQL문을 실행해 봅시다.

```
SELECT
COUNT(DISTINCT DEPT_NO)
FROM TB_EMP;
```

DEPT_NO의 유일 값$^{Distinct\ Value}$은 49개입니다. 스칼라 서브쿼리의 캐싱 효과로 인해 10만 번의 재귀 호출이 49번으로 줄어들게 됩니다. 즉, 유일 값이 적은 컬럼(254개 이하)이 사용자 정의 함수에 입력 값으로 들어가면 재귀 호출을 획기적으로 줄일 수 있습니다.

수행 시간

1.7초(기존 2분 13초)

C-2 실행 계획

ID	Operation	Name	Cost
0	SELECT STATEMENT		1482
1	FAST DUAL		2

ID	Operation	Name	Cost
2	SORT ORDER BY		1482
3	TABLE ACCESS FULL	TB_EMP	377

수행 순서(ID 기준)

3 → 2 → 1 → 0

실행 계획 설명

ID	설명
3	TB_EMP 테이블을 테이블 풀 스캔(TABLE ACCESS FULL)합니다.
2	소팅 연산(SORT ORDER BY)을 수행합니다.
1	DUAL 테이블을 이용합니다.
0	SELECT절의 연산을 수행합니다.

chapter 5

부분 범위 처리 튜닝

시스템을 개발하다 보면 조건에 만족하는 모든 데이터를 한 화면에 보여줄 수 없는 경우가 빈번합니다. 이러한 상황에서 조건에 만족하는 모든 데이터를 스캔한다면 DBMS에 많은 부하를 주게 되는데, 부분 범위 처리Partial Range Processing를 통해 조건에 만족하는 데이터 중 특정 건수의 데이터만을 스캔하여 처리하면 부하를 줄일 수 있습니다. 이번 장에서는 이 부분 범위 처리를 자세히 알아보고, 부분 범위 처리 기법을 이용하여 최소값/최대값을 찾는 튜닝 기법과 페이징 처리를 하는 튜닝 기법에 대해 배우겠습니다.

5.1 부분 범위 처리

'부분 범위 처리Partial Range Processing'란 대용량의 테이블을 스캔할 때 가장 먼저 나오는 한 건 또는 한 건 이상(N개)의 행만 가져오는 처리 기법을 말합니다. 아무리 대용량의 테이블을 스캔한다고 해도 부분 범위만 가져온다면 성능은 극단적으로 빨라지게 됩니다.

5.1.1 부분 범위 처리의 기초

EMP 테이블을 전체 범위 처리합니다.

[전체 범위 처리]
```
SELECT *
FROM EMP;
```

다음은 EMP 테이블을 부분 범위 처리합니다. WHERE절에 ROWNUM 조건을 주면 원하는 건수만 가져올 수 있습니다. EMP 테이블 전체를 스캔하지 않고 3건만 읽으면 곧바로 결과만 출력하게 됩니다.

[부분 범위 처리]
```
SELECT *
FROM EMP
WHERE ROWNUM <= 3;
```

이번에는 EMP 테이블을 전체 범위 처리하여 EMP 테이블 전체를 스캔하고 EMPNO 기준으로 정렬한 값을 출력합니다.

[전체 범위 처리 + 소트 연산]
```
SELECT *
FROM EMP
ORDER BY EMPNO;
```

다음은 EMP 테이블을 부분 범위 처리하고 EMP 테이블에서 3건의 데이터를 가져온 후 그 3건을 EMPNO 기준으로 정렬한 결과를 가져옵니다.

[부분 범위 처리 + 소트 연산]
```
SELECT *
FROM EMP
WHERE ROWNUM <= 3
ORDER BY EMPNO;
```

하지만 이 SQL문을 자세히 분석할 필요가 있습니다. EMP 테이블을 읽다가 3건을 모두 읽으면 바로 테이블 스캔을 멈추고 그 후 이 3건만으로 정렬을 하는데, 이는 SELECT문에서 ORDER BY 연산이 가장 마지막 진행되기 때문입니다. 사용자의 의도가 테이블 전체 데이터를 EMPNO 기준으로 정렬한 상태에서 3건의 데이터만 뽑는 것이었다면 데이터의 정합성이 틀린 SQL문이 되고 맙니다.

다음과 같이 인라인 뷰와 WHERE절에 ROWNUM 조건을 결합하면 EMP 테이블을 EMPNO 기준으로 오름차순 정렬한 값 중에서 3건을 가져오게 됩니다. 이 SQL 문은 인덱스 구성 여부에 따라 부분 범위 처리를 하기도 하고 전체 범위 처리를 하기도 합니다. 부분 범위 처리가 되기 위해서는 EMPNO를 선두 컬럼으로 갖는 인덱스가 존재해야 하고, 해당 인덱스의 앞에서부터 3건만 읽고 스캔을 종료할 수 있습니다. 이는 인덱스가 정렬 상태를 항상 유지한다는 특성을 이용한 것입니다.

[부분 범위 처리 + 소트 연산 + ROWNUM 조건]
```sql
SELECT *
FROM
(
    SELECT *
    FROM EMP
    ORDER BY EMPNO
)
WHERE ROWNUM <= 3;
```

5.1.2 부분 범위 처리의 구현

TB_CUST 테이블을 생성합니다.

[테이블 생성]
```sql
CREATE TABLE TB_CUST
(
    CUST_ID VARCHAR2(10),   --고객ID
    IN_DTM DATE,            --가입일자
    CONSTRAINT TB_CUST_PK PRIMARY KEY (CUST_ID)
);
```

10만 건의 데이터를 입력합니다.

[데이터 입력]
```sql
INSERT INTO TB_CUST
```

```
SELECT
    LPAD(TO_CHAR(ROWNUM), 10, '0'),
    SYSDATE-(TRUNC(DBMS_RANDOM.VALUE(1, 999999))/24/60/60)
FROM DUAL CONNECT BY LEVEL <= 100000;
COMMIT;
```

2015년 10월 01일 이후 데이터 중에서 가장 최근에 들어간 100건을 출력하는 SQL문입니다. 이 SQL문은 TB_CUST 테이블을 풀 스캔한 후 IN_DTM을 기준으로 내림차순 정렬한 값 중에서 100건을 출력하는 쿼리입니다. 결과 집합은 사용자가 의도한 대로 나오지만 IN_DTM으로 구성된 인덱스가 없다면 전체 범위 처리를 하게 됩니다.

[전체 범위 처리]
```
SELECT *
FROM
(
    SELECT *
    FROM TB_CUST
    WHERE IN_DTM >= TO_DATE('20151001000000', 'YYYYMMDDHH24MISS')
    ORDER BY IN_DTM DESC
)
WHERE ROWNUM <= 100;
```

IN_DTM으로 구성된(또는 IN_DTM이 인덱스 컬럼 선두에 있는) 인덱스를 생성합니다. 인덱스를 생성하는 조치만으로 이 SQL문은 부분 범위 처리를 하게 됩니다. 즉, 부분 범위 처리가 작동하는 데 가장 필수적인 요소는 인덱스 존재 여부이므로 인덱스 구성에 따라 극적인 성능 향상을 가져올 수 있습니다.

[부분 범위 처리를 위한 인덱스 생성]
```
CREATE INDEX TB_CUST_IDX01 ON TB_CUST(IN_DTM);
```

5.2 최대값/최소값 스캔 튜닝

5.2.1 최대값/최소값 스캔 튜닝

앞 장에서 강조하였듯이, 인덱스의 주요 특징은 바로 '데이터가 정렬된 상태로 저장되어 있다'라는 것입니다. 이러한 인덱스의 특징과 부분 범위 처리의 원리가 결합되면 최대값과 최소값을 가져올 때 극적인 성능 향상을 이루어 낼 수 있습니다. 이처럼 인덱스와 부분 범위 처리 원리를 결합시켜 최대값과 최소값을 가장 빠르게 가져오는 것을 최대값/최소값 스캔 튜닝이라고 합니다.

실습 5-1 부분 범위 처리 기법을 이용하여 최대값/최소값 검색하기

A. 실습 준비

A-1 테이블 생성

TB_ORD_DAY 테이블을 생성합니다.

```
CREATE TABLE TB_ORD_DAY
(
    ORD_DT VARCHAR2(8),  --주문일자
    ORD_NO VARCHAR2(10)  --주문번호
);
```

A-2 데이터 입력

TB_ORD_DAY 테이블을 NOLOGGING 모드로 생성합니다.

```
ALTER TABLE TB_ORD_DAY NOLOGGING;
```

하나의 ORD_DT값을 기준으로 N개의 ORD_NO값을 가지게 되는데, 오라클 PL/SQL의 FOR LOOP문을 사용하여 데이터를 구성합니다. 총 3,650만 건의 데이터를 입력합니다.

```
DECLARE

TYPE ORD_DT_TABLE IS TABLE OF VARCHAR2(8)
INDEX BY BINARY_INTEGER;

ORD_DT_TAB ORD_DT_TABLE;
i BINARY_INTEGER := 0;

BEGIN
FOR ORD_DT_LIST
IN
(
   SELECT
   TO_CHAR(SYSDATE-ROWNUM, 'YYYYMMDD') ORD_DT
   FROM DUAL
   CONNECT BY
       LEVEL <= 3650
   ORDER BY 1
)
LOOP
i := i + 1;
ORD_DT_TAB(i) :=   ORD_DT_LIST.ORD_DT;
   INSERT INTO TB_ORD_DAY
   SELECT
       ORD_DT_TAB(i),
       LPAD(TO_CHAR(ROWNUM), 10, '0')
   FROM DUAL CONNECT BY LEVEL <= 10000;
   COMMIT;
END LOOP;
END;
/
```

A-3 기본키 생성

데이터를 입력한 후 기본키를 생성합니다.

```
ALTER TABLE TB_ORD_DAY
ADD CONSTRAINT TB_ORD_DAY_PK
PRIMARY KEY(ORD_DT, ORD_NO);
```

A-4 통계정보 생성

테이블과 인덱스의 통계정보를 생성합니다.

```
ANALYZE TABLE TB_ORD_DAY COMPUTE STATISTICS
FOR TABLE FOR ALL INDEXES FOR ALL INDEXED COLUMNS SIZE 254;
```

B. 튜닝 전 상황

B-1 튜닝 전 SQL문

```
1  SELECT
2    MAX(ORD_NO) MAX_ORD_NO,
3    MIN(ORD_NO) MIN_ORD_NO
4  FROM TB_ORD_DAY
5  WHERE ORD_DT = TO_CHAR(SYSDATE - 30, 'YYYYMMDD')
```

SQL 분석

2~3번째 줄 현재 일자로부터 30일 전 일자를 기준으로 MAX와 MIN 함수를 이용하여 최대값과 최소값을 구하고 있습니다.

SQL 문제점

인덱스 범위 스캔을 하지 않고 인덱스 양 끝의 최대값과 최소값만 스캔하면 사용자의 의도대로 결과를 도출할 수 있습니다. 하지만 해당 SQL문은 TB_ORD_DAY_PK 인덱스를 인덱스 범위 스캔하게 됩니다.

수행 시간

0.15초

B-2 실행 계획

ID	Operation	Name	Cost
0	SELECT STATEMENT		13282

ID	Operation	Name	Cost
1	SORT AGGREGATE		
2	INDEX RANGE SCAN	TB_ORD_DAY_PK	13282

수행 순서(ID 기준)

2 → 1 → 0

실행 계획 설명

ID	설명
2	TB_ORD_DAY_PK 인덱스를 인덱스 범위 스캔(INDEX RANGE SCAN)합니다.
1	MAX, MIN 값을 각각 구합니다.
0	SELECT절의 연산을 수행합니다.

C. 튜닝

C-1 튜닝 후 SQL문

```
1   SELECT
2   *
3   FROM
4   (
5      SELECT ORD_NO MAX_ORD_NO , '1' DUMMY
6      FROM
7      (
8         SELECT ORD_NO
9         FROM TB_ORD_DAY
10        WHERE ORD_DT = TO_CHAR(SYSDATE - 30, 'YYYYMMDD')
11        ORDER BY ORD_NO DESC
12     )
13     WHERE ROWNUM <= 1
14  ) A,
15  (
16     SELECT ORD_NO MIN_ORD_NO, '1' DUMMY
17     FROM
18     (
19        SELECT ORD_NO
```

```
20          FROM TB_ORD_DAY
21          WHERE ORD_DT = TO_CHAR(SYSDATE - 30, 'YYYYMMDD')
22          ORDER BY ORD_NO ASC
23       )
24       WHERE ROWNUM <= 1
25  ) B
26  WHERE A.DUMMY = B.DUMMY;
```

SQL 분석

10번째 줄 WHERE절에 ORD_DT 조건을 주었습니다. PK 구성이 'ORD_DT + ORD_NO'순으로 되어 있으므로 ORD_DT 조건이 '=' 조건으로 들어오는 순간 ORD_NO를 기준으로 부분 범위 처리가 가능해집니다.

11번째 줄 최대값을 가져오기 위해 ORD_NO를 DESC로 정렬합니다.

13번째 줄 ROWNUM 조건을 주어 ORD_NO의 최대값 한 건만 가져오게 합니다.

21번째 줄 WHERE절에 ORD_DT 조건을 주었습니다. PK 구성이 'ORD_DT + ORD_NO'순으로 되어 있으므로 ORD_DT조건이 '=' 조건으로 들어오는 순간 ORD_NO를 기준으로 부분 범위 처리가 가능해집니다.

22번째 줄 최소값을 가져오기 위해 ORD_NO를 ASC로 정렬합니다.

24번째 줄 ROWNUM 조건을 주어 ORD_NO의 최소값 한 건만 가져오게 합니다.

수행 시간

0.01초(기존 0.15초)

C-2 실행 계획

ID	Operation	Name	Cost
0	SELECT STATEMENT		8
1	NESTED LOOPS		8
2	VIEW		4
3	COUNT STOPKEY		
4	VIEW		4

ID	Operation	Name	Cost
5	INDEX RANGE SCAN	TB_ORD_DAY_PK	4
6	VIEW		4
7	COUNT STOPKEY		
8	VIEW		4
9	INDEX RANGE SCAN DESCENDING	TB_ORD_DAY_PK	4

수행 순서(ID 기준)

5 → 4 → 3 → 2 → 9 → 8 → 7 → 6 → 1 → 0

실행 계획 설명

ID	설명
5	TB_ORD_DAY_PK 인덱스에서 선두 컬럼인 ORD_DT를 '='조건으로 주면 2번째 컬럼인 ORD_NO의 범위를 앞에서부터 읽습니다. 즉, 최소값을 구합니다.
4	5번에 대한 인라인 뷰(VIEW)입니다.
3	4번 인라인 뷰에서 한 건만 읽고 스캔을 멈추게(COUNT STOPKEY) 됩니다.
2	3번에 대한 인라인 뷰(VIEW)입니다.
9	TB_ORD_DAY_PK 인덱스에서 선두 컬럼인 ORD_DT를 '='조건으로 주면 2번째 컬럼인 ORD_NO의 범위를 뒤에서부터 읽습니다. 즉, 최대값을 구합니다.
8	9번에 대한 인라인 뷰(VIEW)입니다.
7	8번 인라인 뷰에서 한 건만 읽고 스캔을 멈추게(COUNT STOPKEY) 됩니다
6	7번에 대한 인라인 뷰(VIEW)입니다.
1	최소값과 최대값을 저장하는 2개의 인라인 뷰를 중첩 루프 조인(NESTED LOOPS)합니다.
0	SELECT절의 연산을 수행합니다.

5.3 페이징 처리 튜닝

5.3.1 페이징 처리

일반적인 게시판 또는 정보 조회 화면을 생각해 봅시다. 100만 건의 데이터가 저장된 테이블이 있다고 가정한다면, 한 화면 안에서 100만 건의 모든 데이터를 보여 줄 수 없고 해당 화면에 나타낼 수 있는 범위만 보여 주면 됩니다. 이런 경우 부분 범위 처리를 이용한 페이징 처리Paging Processing를 하게 됩니다.

5.3.2 페이징 처리 튜닝

'페이징 처리 튜닝Paging Processing Tuning'이란 해당 페이지에서 보여 주고 싶은 범위만 인덱스 범위 스캔하여 특정 데이터만 가져오는 일련의 모든 활동을 의미합니다. 이는 인덱스를 이용하여 해당 범위의 시작으로 간 후(인덱스 수직 탐색) 원하는 데이터만 가져오는 기법(인덱스 범위 스캔)입니다. 부분 범위 처리를 이용한 페이징 처리가 되지 않고 모든 범위를 스캔한 후 특정 데이터만 가져오게 된다면 시스템은 걷잡을 수 없이 큰 부하를 일으키게 됩니다. 이러한 이유로 페이징 처리 튜닝은 실무에서 매우 중요하고 빈번하게 쓰이는 튜닝 기법입니다.

실습 5-2 부분 범위 처리 기법을 이용하여 페이징 처리하기

A. 실습 준비

A-1 테이블 생성

TB_STOCK_TRD 테이블을 생성합니다.

```
CREATE TABLE TB_STOCK_TRD
(
    TRD_NO VARCHAR2(10),  --거래번호
    STOCK_CD VARCHAR2(6), --종목코드
    TRD_DTM VARCHAR2(14), --거래일시
```

```
    TRD_CNT NUMBER(10),  ―거래건수
    TRD_AMT NUMBER(10),  ―거래금액
    INST_DTM DATE,  ―입력일시
    INST_ID VARCHAR2(50)  ―입력자
);
```

A-2 데이터 입력

TB_STOCK_TRD 테이블을 NOLOGGING 모드로 설정합니다.

```
ALTER TABLE TB_STOCK_TRD NOLOGGING;
```

TB_STOCK_TRD 테이블에 1,000만 건의 데이터를 입력합니다.

```
INSERT /*+ APPEND */  INTO TB_STOCK_TRD  ―APPEND 힌트 사용
SELECT
  LPAD(TO_CHAR(ROWNUM), 10, '0'),
    LPAD(TO_CHAR(RNUM), 6, '0'),
    TRD_DTM,
    TRUNC(DBMS_RANDOM.VALUE(100, 10000)),
    TRUNC(DBMS_RANDOM.VALUE(10000, 100000)),
    SYSDATE,
    'DBMSEXPERT'
FROM
(
    SELECT ROWNUM RNUM FROM DUAL CONNECT BY LEVEL <= 2000
),
(
SELECT
    TO_CHAR(SYSDATE - (ROWNUM*1000000) /24/60/60, 'YYYYMMDDHH24MISS') TRD_DTM
FROM DUAL CONNECT BY LEVEL <= 5000
);

COMMIT;
```

A-3 기본키 생성

데이터를 입력한 후 기본키를 생성합니다.

```
ALTER TABLE TB_STOCK_TRD
ADD CONSTRAINT TB_STOCK_TRD_PK
PRIMARY KEY (TRD_NO);
```

A-4 통계정보 생성

테이블과 인덱스의 통계정보를 생성합니다.

```
ANALYZE TABLE TB_STOCK_TRD COMPUTE STATISTICS
FOR ALL INDEXED COLUMNS SIZE 254;
```

B. 튜닝 전 상황

B-1 튜닝 전 SQL문

```
1   SELECT * FROM
2   (
3       SELECT
4       ROWNUM RNUM, TRD_DTM, TRD_CNT, TRD_AMT,
5       COUNT(*) OVER() CNT
6       FROM
7       (
8           SELECT
9           TRD_DTM, TRD_CNT, TRD_AMT
10          FROM TB_STOCK_TRD A
11          WHERE STOCK_CD = '000001'
12          AND TRD_DTM >= TO_CHAR(SYSDATE-365, 'YYYYMMDDHH24MISS')
13          ORDER BY TRD_DTM
14      )
15  )
16  WHERE RNUM BETWEEN 21 AND 30;
```

SQL 분석

4번째 줄 ROWNUM을 이용하여 데이터의 순번을 매겼습니다.

5번째 줄 분석 함수인 COUNT 함수를 사용하여 결과 집합의 전체 건수를 가져옵니다.

11번째 줄 STOCK_CD 조건을 주어 특정 종목의 데이터를 가져옵니다.

12~13번째 줄 최근 일년간의 거래내역을 출력하기 위한 조건을 줍니다.

16번째 줄 21번째부터 30번째 데이터의 결과만 가져옵니다. 게시판을 예로 들면 2번째 페이지를 가져오게 됩니다.

SQL 문제점

특정 STOCK_CD의 TRD_DTM기준 최근의 데이터 중에서 21번째부터 30번째의 데이터만 가져오는 SQL입니다. 30건 중 10건의 데이터만 가져오는데도 불구하고 적절한 인덱스가 존재하지 않아서 테이블 전체를 테이블 풀 스캔하고 정렬 작업까지 수행한 후에야 그중에서 10건만을 가져오게 됩니다. 즉, 전체 범위 처리를 하고 페이징 처리한 매우 비효율적인 SQL입니다. 이러한 SQL문이 OLTP 환경에서 빈번하게 수행된다면 DBMS 전체 성능에 매우 큰 지장을 주게 됩니다.

수행 시간

2초

B-2 실행 계획

ID	Operation	Name	Cost
0	SELECT STATEMENT		25171
1	VIEW		25171
2	WINDOW BUFFER		25171
3	COUNT		
4	VIEW		25171
5	SORT ORDER BY		25171
6	TABLE ACCESS FULL	TB_STOCK_TRD	25170

수행 순서(ID 기준)

6 → 5 → 4 → 3 → 2 → 1 → 0

실행 계획 설명

ID	설명
6	TB_STOCK_TRD 테이블을 테이블 풀 스캔(TABLE ACCESS FULL)합니다.
5	TRD_DTM 기준으로 정렬합니다.
4	5번의 결과를 인라인 뷰(VIEW)로 생성합니다.
3	분석 함수인 COUNT 함수 연산을 합니다.
2	분석 함수의 결과를 버퍼에 저장(WINDOW BUFFER)합니다.
1	2번까지의 결과를 인라인 뷰(VIEW)로 생성합니다.
0	SELECT절의 연산을 수행합니다.

C. 튜닝

C-1 인덱스 구성

부분 범위 처리를 위해서 STOCK_CD와 TRD_DTM으로 구성된 복합 인덱스를 생성합니다.

```
CREATE INDEX
TB_STOCK_TRD_IDX01
ON TB_STOCK_TRD(STOCK_CD, TRD_DTM DESC);
```

C-2 통계정보 생성

생성한 인덱스의 통계정보를 생성합니다.

```
ANALYZE INDEX TB_STOCK_TRD_IDX01 COMPUTE STATISTICS;
```

C-3 튜닝 후 SQL문

```
1  SELECT * FROM
2  (
3  SELECT
4  ROWNUM RNUM, TRD_DTM, TRD_CNT, TRD_AMT,
5  COUNT(*) OVER() CNT
```

```
6   FROM
7   (
8       SELECT
9       TRD_DTM, TRD_CNT, TRD_AMT
10      FROM TB_STOCK_TRD
11      WHERE STOCK_CD = '000001'
12      AND TRD_DTM >= TO_CHAR(SYSDATE-365, 'YYYYMMDDHH24MISS')
13      ORDER BY TRD_DTM
14  )
15  WHERE ROWNUM <= 30
16  )
17  WHERE RNUM >= 21
```

SQL 분석

11~13번째 줄 STOCK_CD와 TRD_DTM으로 구성된 TB_STOCK_TRD_IDX01 인덱스를 인덱스 범위 스캔합니다. 인덱스 선두 컬럼인 STOCK_CD가 '=' 조건으로 들어가 있으므로 2번째 컬럼인 TRD_DTM의 일부분만 인덱스 스캔 후 멈출 수 있습니다. 즉, 인덱스를 이용한 효율적인 부분 범위 처리가 가능합니다.

15번째 줄 ROWNUM 조건으로 인라인 뷰 내에서 30건만 가져오도록 합니다. TB_STOCK_TRD의 결과 중 30건만 부분 범위 처리로 가져오게 됩니다.

수행 시간

0.1초(기존 2초)

C-4 실행 계획

ID	Operation	Name	Cost
0	SELECT STATEMENT		4
1	VIEW		4
2	WINDOW BUFFER		4
3	COUNT STOPKEY		
4	VIEW		4
5	TABLE ACCESS BY INDEX ROWID	TB_STOCK_TRD	4

ID	Operation	Name	Cost
6	INDEX RANGE SCAN DESCENDING	TB_STOCK_TRD_IDX01	3

수행 순서(ID 기준)

6 → 5 → 4 → 3 → 2 → 1 → 0

실행 계획 설명

ID	설명
6	TB_STOCK_TRD_IDX01 인덱스를 역순으로 인덱스 범위 스캔(INDEX RANGE SCAN DESCENDING)합니다. 30건의 데이터만 스캔한 후 더는 스캔하지 않고 멈추게 됩니다.
5	6번에서 스캔한 30건의 리프 블록에 있는 ROWID를 바탕으로 테이블 랜덤 액세스(TABLEACCESS BY INDEX ROWID)를 수행합니다.
4	5번에 대한 인라인 뷰(VIEW)입니다.
3	6번, 5번, 4번의 연산이 30건의 데이터를 가져오는 순간 멈추게(COUNT STOPKEY) 됩니다.
2	분석 함수의 결과를 버퍼에 저장(WINDOW BUFFER)합니다.
1	2번까지의 결과를 인라인 뷰(VIEW)로 생성합니다.
0	SELECT절의 연산을 수행합니다.

chapter 6

파티셔닝 튜닝

대용량의 테이블에 대한 관리 용이성과 성능 향상을 위해서 오라클은 '파티셔닝Partitioning'이라는 기능을 제공합니다. 파티셔닝 기술의 등장으로 테이블의 관리와 유지보수가 쉬워졌으며 파티션 단위의 검색을 통해 검색 성능의 극적인 향상이 이루어졌습니다. 하지만 오라클에서 아무리 좋은 기능을 제공한다고 하더라도 해당 기능을 적절하게 사용하지 못하면 아무런 소용이 없습니다. 이번 장에서는 오라클 파티셔닝 기술과 파티셔닝을 통한 SQL문의 튜닝에 대해 알아봅니다.

6.1 파티셔닝

파티셔닝은 대용량의 큰 테이블을 여러 단위로 나누어 사용하고 관리하는 기법을 말합니다. 대용량의 데이터를 하나의 테이블로만 관리할 경우 해당 테이블이 사용 불능Unusable 상태가 되거나 가용 불능Unavailable 상태가 될 경우 전체 데이터 모두 사용하지 못하는 사태가 발생할 수 있습니다. 대용량 테이블에 파티셔닝 기법을 적용한다면 이러한 사태를 막을 수 있습니다.

파티셔닝의 장점은 다음과 같습니다.

- 분할된 단위 영역별로 관리할 수 있으므로 백업과 복구가 쉽습니다.
- 테이블 내에 특정 파티션에서 문제가 발생했을 때 다른 파티션에 영향을 주지 않습니다.
- 테이블 액세스 시 스캔 범위를 줄여 성능 향상을 가져옵니다.

6.2 파티션 프루닝 튜닝

6.2.1 파티션 프루닝

'파티션 프루닝Partition Pruning'이란 파티셔닝 컬럼이 조건절에 조건으로 들어왔을 때 해당 파티션만 읽고 대상이 아닌 파티션을 스캔하지 않는 기법을 말합니다. 예를 들어, 거래일자 기준으로 파티셔닝된 대용량 테이블이 있다고 가정합니다. 조건절에 거래일자가 없거나 묵시적 형 변환이 발생하면 테이블 내에 모든 파티션을 스캔해야만 합니다(PARTITION RANGE ALL). 즉, 파티션 프루닝이 되지 않습니다. 조건절에 거래일자가 있으면 해당 파티션만 읽고 스캔을 멈추게 됩니다(PARTITION RANGE ITERATOR). 즉, 파티션 프루닝이 동작하게 됩니다.

실습 6-1 파티션 프루닝이 동작하도록 조건절 튜닝하기

A. 실습 준비

A-1 테이블 생성

TRD_DT를 기준으로 범위 파티셔닝Range Partitioning하여 TB_TRD 테이블 생성합니다(파티션 키인 TRD_DT의 값의 범위는 이 책을 집필하는 시점으로 설정하였습니다).

```
CREATE TABLE TB_TRD
(
    TRD_NO VARCHAR2(15),  --거래번호
    TRD_DT VARCHAR2(8),   --거래일자
    TRD_AMT NUMBER(15),   --거래금액
    CUST_ID VARCHAR2(10), --고객ID
    PRDT_CD VARCHAR2(6),  --상품코드
    INST_ID VARCHAR2(50), --입력자ID
    INST_DTM DATE --입력일시
)
PARTITION BY RANGE(TRD_DT)
(
    PARTITION P_TB_TRD_201409 VALUES LESS THAN ('20141001'),
```

```
    PARTITION P_TB_TRD_201410 VALUES LESS THAN ('20141101'),
    PARTITION P_TB_TRD_201411 VALUES LESS THAN ('20141201'),
    PARTITION P_TB_TRD_201412 VALUES LESS THAN ('20150101'),
    PARTITION P_TB_TRD_201501 VALUES LESS THAN ('20150201'),
    PARTITION P_TB_TRD_201502 VALUES LESS THAN ('20150301'),
    PARTITION P_TB_TRD_201503 VALUES LESS THAN ('20150401'),
    PARTITION P_TB_TRD_201504 VALUES LESS THAN ('20150501'),
    PARTITION P_TB_TRD_201505 VALUES LESS THAN ('20150601'),
    PARTITION P_TB_TRD_201506 VALUES LESS THAN ('20150701'),
    PARTITION P_TB_TRD_201507 VALUES LESS THAN ('20150801'),
    PARTITION P_TB_TRD_201508 VALUES LESS THAN ('20150901'),
    PARTITION P_TB_TRD_201509 VALUES LESS THAN ('20151001'),
    PARTITION P_TB_TRD_MAX    VALUES LESS THAN (MAXVALUE)
);
```

A-2 데이터 입력

DUAL_10 테이블을 생성하여 데이터 복제에 이용합니다.

```
CREATE TABLE DUAL_10 (DUMMY VARCHAR2(1));

INSERT INTO DUAL_10
SELECT 'X' FROM DUAL CONNECT BY LEVEL <= 10;

COMMIT;
```

TB_TRD 테이블을 NOLOGGING 모드로 설정하였습니다.

```
ALTER TABLE TB_TRD NOLOGGING;
```

TB_TRD 테이블에 1,000만 건(10×1,000,000)의 데이터를 입력합니다.

```
INSERT /*+ APPEND */ INTO TB_TRD  --APPEND 힌트 사용
SELECT
    LPAD(TO_CHAR(ROWNUM), 15, '0'),
    TO_CHAR(SYSDATE - TRUNC(DBMS_RANDOM.VALUE(1, 365)), 'YYYYMMDD'),
    TRUNC(DBMS_RANDOM.VALUE(1000, 100000)),
    LPAD(TO_CHAR(TRUNC(DBMS_RANDOM.VALUE(0, 100000))), 10, '0'),
```

```
        LPAD(TO_CHAR(TRUNC(DBMS_RANDOM.VALUE(0, 10000))), 6, '0'),
        'DBMSEXPERT',
        SYSDATE
FROM DUAL_10, ( SELECT LEVEL LV FROM DUAL CONNECT BY LEVEL <= 1000000);
COMMIT;
```

A-3 기본키 생성

데이터를 입력한 후 기본키를 생성합니다.

```
ALTER TABLE TB_TRD
ADD CONSTRAINT TB_TRD_PK
PRIMARY KEY(TRD_NO);
```

A-4 통계정보 생성

테이블과 인덱스의 통계정보를 생성합니다.

```
ANALYZE TABLE TB_TRD COMPUTE STATISTICS
FOR TABLE FOR ALL INDEXES FOR ALL INDEXED COLUMNS SIZE 254;
```

B. 튜닝 전 상황

B-1 튜닝 전 SQL문

```
1   SELECT *
2   FROM TB_TRD
3   WHERE TRD_DT
4   BETWEEN TO_DATE(TO_CHAR(SYSDATE - 180, 'YYYYMMDD'), 'YYYYMMDD')
5   AND TO_DATE(TO_CHAR(SYSDATE - 120, 'YYYYMMDD'), 'YYYYMMDD');
```

SQL 분석

4~5번째 줄 현재 시점으로부터 180일 전부터 120일 전까지의 YYYYMMDD 를 TO_DATE 함수를 이용하여 DATE 타입으로 형 변환하여 조건을 주었습니다.

SQL 문제점

TRD_DT 컬럼의 데이터 타입은 VARCHAR2인데, TO_DATE 함수를 사용함으로써 VARCHAR2와 DATE의 비교 연산이 되었습니다. 오라클은 이럴 경우 DATE 타입에 우선권을 주게 되므로 TRD_DT 컬럼을 DATE 타입으로 묵시적 형 변환을 하게 됩니다. 묵시적 형 변환으로 인해 파티션 프루닝이 되지 않고, 불필요한 파티션까지 모두 스캔하게 되므로 성능이 안 좋은 SQL문이 되고 말았습니다.

수행 시간

1분 16초

B-2 실행 계획

ID	Operation	Name	Cost	PStart	PStop
0	SELECT STATEMENT		55508		
1	PARTITION RANGE ALL		55508	1	14
2	TABLE ACCESS FULL	TB_TRD	55508	1	14

수행 순서(ID 기준)

2 → 1 → 0

실행 계획 설명

ID	설명
2	TB_TRD 테이블을 테이블 풀 스캔(TABLE ACCESS FULL)합니다.
1	모든 파티션을 스캔(PARTITION RANGE ALL)합니다. 즉, 1번부터 14번까지 총 14개의 파티션을 스캔합니다.
0	SELECT절의 연산을 수행합니다.

C. 튜닝

C-1 튜닝 후 SQL문

1   SELECT *

```
2   FROM TB_TRD
3   WHERE TRD_DT
4   BETWEEN TO_CHAR(SYSDATE - 180, 'YYYYMMDD')
5   AND TO_CHAR(SYSDATE - 120, 'YYYYMMDD');
```

SQL 분석

4~5번째 줄 TRD_DT 컬럼의 데이터 타입은 VARCHAR2이므로 문자열 상수로 범위 조건을 주었습니다. 같은 데이터 타입 간의 비교 연산이 이루어지므로 묵시적 형 변환이 이루어지지 않게 되었으며 파티션 프루닝이 가능해졌습니다.

수행 시간

20초(기존 1분 16초)

C-4 실행 계획

ID	Operation	Name	Cost	PStart	PStop
0	SELECT STATEMENT		9242		
1	PARTITION RANGE ITERATOR		9242	9	10
2	TABLE ACCESS FULL	TB_TRD	9242	9	10

수행 순서(ID 기준)

2 → 1 → 0

실행 계획 설명

ID	설명
2	TB_TRD 테이블을 테이블 풀 스캔(TABLE ACCESS FULL)합니다.
1	파티션 프루닝(PARTITION RANGE ITERATOR)이 동작하여 9번부터 10번까지 총 2개의 파티션만을 스캔합니다.
0	SELECT절의 연산을 수행합니다.

6.3 파티션 인덱스 튜닝

6.3.1 파티션 인덱스의 정의와 종류

'파티셔닝 테이블Partitioning Table'은 대용량의 테이블을 파티션으로 분리한 것을 뜻합니다. 이러한 파티셔닝 테이블에 인덱스가 생성되면 '파티션 인덱스Partition Index'라고 부릅니다. 파티션 인덱스의 종류는 다음과 같습니다.

로컬 파티션 인덱스

3개의 파티션으로 나누어진 테이블이 있다고 가정합니다. 해당 테이블에는 3개의 파티션이 존재합니다. 해당 테이블에 인덱스를 생성할 때도 3개의 파티션으로 나누어진 인덱스를 생성합니다. 이러한 방식으로 생성된 인덱스를 '로컬 파티션 인덱스Local Partition Index'라고 합니다. 로컬 파티션 인덱스는 테이블 파티션과 1:1로 매칭됩니다.

로컬 파티션 인덱스의 생성 방법은 다음과 같습니다.

```
CREATE INDEX YEAR_IDX
ON ALL_FACT (ORDER_DATE)
LOCAL
(PARTITION NAME_IDX1),
(PARTITION NAME_IDX2),
(PARTITION NAME_IDX3);
```

ALL_FACT 테이블은 ORDER_DATE 컬럼을 파티션 키로 하여 파티셔닝되어 있으며 총 3개의 테이블 파티션이 존재합니다. 3개의 파티션 테이블과 1:1로 매칭되는 3개의 파티션 인덱스를 만드는 예제입니다.

그림 6-1 로컬 파티션 인덱스

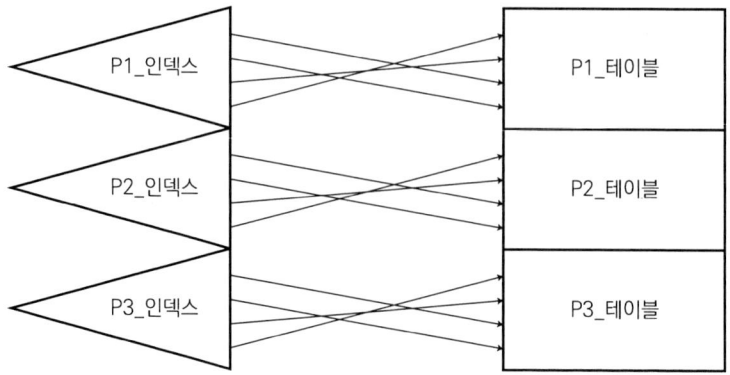

글로벌 파티션 인덱스

3개의 파티션으로 나누어진 테이블이 있다고 가정합니다. 해당 테이블에 인덱스를 생성할 때는 5개의 파티션으로 나누어진 인덱스를 생성합니다. 글로벌 파티션 인덱스Global Partition Index는 테이블 파티션과 1:1을 제외한 모든 관계가 성립됩니다.

글로벌 파티션 인덱스의 생성 방법은 다음과 같습니다. ALL_FACT 테이블은 ITEM_NBR 컬럼을 기준으로 총 3개의 파티션 테이블로 구성되어 있습니다. 파티션 인덱스는 범위별로 총 5개를 만듭니다.

```
CREATE INDEX ITEM_IDX
ON ALL_FACT (ITEM_NBR)
GLOBAL
(PARTITION CITY_IDX1 VALUES LESS THAN (100)),
(PARTITION CITY_IDX1 VALUES LESS THAN (200)),
(PARTITION CITY_IDX1 VALUES LESS THAN (300)),
(PARTITION CITY_IDX1 VALUES LESS THAN (400)),
(PARTITION CITY_IDX1 VALUES LESS THAN (500));
```

테이블은 3개의 파티션 테이블로 구성되며 인덱스는 총 5개의 파티션 인덱스로 구성되어 글로벌 파티션 인덱스가 생성되었습니다.

그림 6-2 글로벌 파티션 인덱스

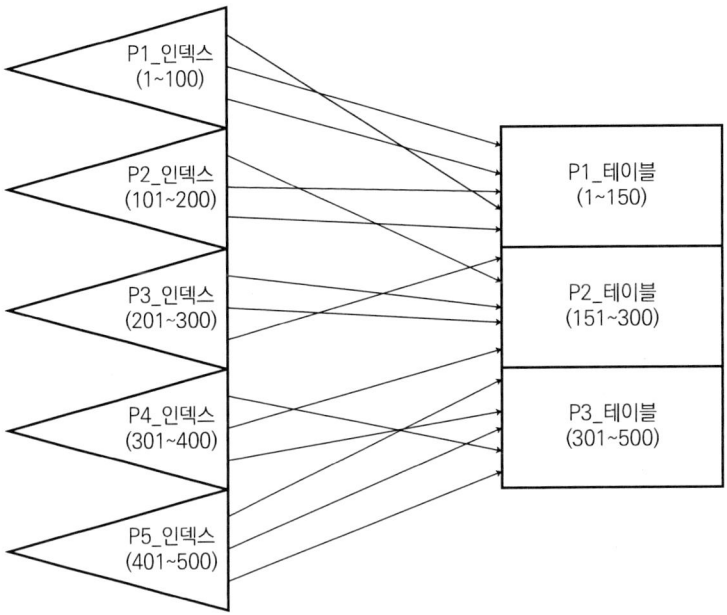

6.3.2 파티션 인덱스의 생성 방식

프리픽스 파티션 인덱스

'프리픽스 파티션 인덱스Prefix Partition Index'는 파티셔닝 테이블의 파티션 키 컬럼이 파티션 인덱스 컬럼 구성에서 인덱스 선두 컬럼으로 오는 것을 뜻합니다. 거래일자 컬럼으로 파티셔닝 테이블에 파티션 인덱스를 생성할 때 거래일자 컬럼이 인덱스 선두 컬럼으로 온다면 프리픽스 파티션 인덱스입니다.

논 프리픽스 파티션 인덱스

'논 프리픽스 파티션 인덱스Non-Prefix Partition Index'는 파티셔닝 테이블의 파티션 키 컬럼이 파티션 인덱스 컬럼 구성에서 선두에 오지 않는 것을 뜻합니다. 거래일자 컬럼으로 파티셔닝 테이블에 파티션 인덱스를 생성할 때 거래일자가 컬럼이 인덱스 선두 컬럼으로 오지 않는다면 논 프리픽스 파티션 인덱스입니다.

6.3.3 파티션 인덱스 유형 정리

파티션 인덱스의 종류와 생성 방식에 따라 다음의 4가지 유형으로 정리할 수 있습니다.

표 6-1 파티션 인덱스 유형

순번	유형	파티션 키	인덱스 구성	오라클 지원
1	글로벌 프리픽스 파티션 인덱스	거래일자	거래일자+고객번호	지원
2	글로벌 논 프리픽스 파티션 인덱스	거래일자	고객번호+거래일자	불가
3	로컬 프리픽스 파티션 인덱스	거래일자	거래일자+고객번호	지원
4	로컬 논 프리픽스 파티션 인덱스	거래일자	고객번호+거래일자	지원

[표 6-1]에서 알 수 있듯이 글로벌 논 프리픽스 파티션 인덱스 유형은 아직 오라클에서 지원하지 않는 방식입니다.

6.3.4 파티션 인덱스 튜닝

파티셔닝된 테이블에 파티션 인덱스를 생성하여 검색 속도를 극적으로 단축시키는 것을 '파티션 인덱스 튜닝^{Partition Index Tuning}'이라고 합니다. 대용량의 테이블도 해당 기법을 이용한다면 빠르게 데이터를 검색할 수 있습니다.

실습 6-2 파티션 인덱스 스캔으로 성능 극대화하기

A. 실습 준비

A-1 테이블 생성

TRD_DT 컬럼을 기준으로 범위 파티셔닝하여 TB_TRD 테이블을 생성합니다.

(파티션 키인 TRD_DT의 값의 범위는 이 책을 집필하는 시점으로 하였습니다.)

```
CREATE TABLE TB_TRD
(
    TRD_NO VARCHAR2(15),  —거래번호
    TRD_DT VARCHAR2(8),   —거래일자
```

```
    TRD_AMT NUMBER(15),    --거래금액
    CUST_ID VARCHAR2(10),  --고객ID
    PRDT_CD VARCHAR2(6),   --상품코드
    INST_ID VARCHAR2(50),  --입력자ID
    INST_DTM DATE          --입력일시
)
PARTITION BY RANGE(TRD_DT)
(
    PARTITION P_TB_TRD_201409 VALUES LESS THAN ('20141001'),
    PARTITION P_TB_TRD_201410 VALUES LESS THAN ('20141101'),
    PARTITION P_TB_TRD_201411 VALUES LESS THAN ('20141201'),
    PARTITION P_TB_TRD_201412 VALUES LESS THAN ('20150101'),
    PARTITION P_TB_TRD_201501 VALUES LESS THAN ('20150201'),
    PARTITION P_TB_TRD_201502 VALUES LESS THAN ('20150301'),
    PARTITION P_TB_TRD_201503 VALUES LESS THAN ('20150401'),
    PARTITION P_TB_TRD_201504 VALUES LESS THAN ('20150501'),
    PARTITION P_TB_TRD_201505 VALUES LESS THAN ('20150601'),
    PARTITION P_TB_TRD_201506 VALUES LESS THAN ('20150701'),
    PARTITION P_TB_TRD_201507 VALUES LESS THAN ('20150801'),
    PARTITION P_TB_TRD_201508 VALUES LESS THAN ('20150901'),
    PARTITION P_TB_TRD_201509 VALUES LESS THAN ('20151001'),
    PARTITION P_TB_TRD_MAX    VALUES LESS THAN (MAXVALUE)
);
```

A-2 데이터 입력

DUAL_10 테이블을 생성하여 데이터 복제에 이용합니다.

```
CREATE TABLE DUAL_10 (DUMMY VARCHAR2(1));

INSERT INTO DUAL_10
SELECT 'X' FROM DUAL CONNECT BY LEVEL <= 10;

COMMIT;
```

TB_TRD 테이블을 NOLOGGING 모드로 설정합니다.

```
ALTER TABLE TB_TRD NOLOGGING;
```

TB_TRD 테이블에 1,000만 건(10×1000000)의 데이터를 입력합니다.

```
INSERT /*+ APPEND */  INTO TB_TRD  —APPEND 힌트 사용
SELECT
    LPAD(TO_CHAR(ROWNUM), 15, '0'),
    TO_CHAR(SYSDATE - TRUNC(DBMS_RANDOM.VALUE(1, 365)), 'YYYYMMDD'),
    TRUNC(DBMS_RANDOM.VALUE(1000, 100000)),
    LPAD(TO_CHAR(TRUNC(DBMS_RANDOM.VALUE(0, 100000))), 10, '0'),
    LPAD(TO_CHAR(TRUNC(DBMS_RANDOM.VALUE(0, 10000))), 6, '0'),
    'DBMSEXPERT',
    SYSDATE
FROM DUAL_10, ( SELECT LEVEL LV FROM DUAL CONNECT BY LEVEL <= 1000000);

COMMIT;
```

A-3 기본키 생성

데이터를 입력한 후 기본키를 생성합니다.

```
ALTER TABLE TB_TRD
ADD CONSTRAINT TB_TRD_PK
PRIMARY KEY(TRD_NO);
```

A-4 통계정보 생성

테이블과 인덱스에 대한 통계정보를 생성합니다.

```
ANALYZE TABLE TB_TRD COMPUTE STATISTICS
FOR TABLE FOR ALL INDEXES FOR ALL INDEXED COLUMNS SIZE 254;
```

B. 튜닝 전 상황

B-1 튜닝 전 SQL문

```
1   SELECT *
2   FROM TB_TRD
3   WHERE CUST_ID = '0000000001'
```

```
4    AND TRD_DT BETWEEN TO_CHAR(SYSDATE - 365, 'YYYYMMDD') AND TO_CHAR(SYSDATE,
     'YYYYMMDD');
```

SQL 분석

3~4번째 줄 특정 CUST_ID 컬럼 값의 최근 1년간의 거래 내역을 추출하는 조건을 주었습니다.

SQL 문제점

1,000만 건의 테이블을 스캔하면서 테이블 풀 스캔을 하고 있습니다. TRD_DT 컬럼이 조건절에 들어가서 파티션 프루닝은 정상적으로 작동되지만, 해당 파티션을 테이블 풀 스캔해야 하는 부하가 존재하게 됩니다. 이러한 쿼리가 OLTP 환경에서 빈번하게 실행된다면 전체 시스템을 장애 상황으로 몰고 갈 수 있습니다.

수행 시간

4.1초

B-2 실행 계획

ID	Operation	Name	Cost	PStart	PStop
0	SELECT STATEMENT		48059		
1	PARTITION RANGE ITERATOR		48059	5	14
2	TABLE ACCESS FULL	TB_TRD	48059	5	14

수행 순서(ID 기준)

2 → 1 → 0

실행 계획 설명

ID	설명
2	TB_TRD 테이블을 테이블 풀 스캔(TABLE ACCESS FULL)합니다.
1	5번부터 14번까지의 파티션을 읽습니다. 즉, 파티션 프루닝(PARTITION RANGE ITERATOR)이 동작하였습니다.
0	SELECT절의 연산을 수행합니다.

C. 튜닝

C-1 파티션 인덱스 구성

'CUST_ID + TRD_DT' 컬럼으로 구성된 로컬 파티션 인덱스를 생성합니다. TB_TRD 테이블은 TRD_DT 컬럼을 기준으로 파티셔닝된 테이블입니다. 파티셔닝 기준 컬럼이 인덱스의 선두 컬럼이 아니므로 해당 인덱스는 로컬 논 프리픽스 파티션 인덱스입니다.

```
CREATE INDEX TB_TRD_IDX01 ON TB_TRD (CUST_ID, TRD_DT) LOCAL;
```

C-2 통계정보 생성

생성한 인덱스에 대한 통계정보를 생성합니다.

```
ANALYZE INDEX TB_TRD_IDX01 COMPUTE STATISTICS;
```

C-3 튜닝 후 SQL문

```
1   SELECT *
2   FROM TB_TRD
3   WHERE CUST_ID = '0000000001'
4   AND TRD_DT BETWEEN TO_CHAR(SYSDATE - 365, 'YYYYMMDD') AND TO_CHAR(SYSDATE,
    'YYYYMMDD');
```

SQL 분석

3~4번째 줄 특정 CUST_ID 컬럼 값의 최근 1년간의 거래 내역을 추출하는 조건을 주었습니다. TB_TRD_IDX01 인덱스를 인덱스 범위 스캔하게 됩니다.

수행 시간

0.3초(기존 4.1초)

C-4 실행 계획

ID	Operation	Name	Cost	PStart	PStop
0	SELECT STATEMENT		382		
1	PARTITION RANGE ITERATOR		382	5	14
2	TABLE ACCESS BY LOCAL INDEX ROWID	TB_TRD	382	5	14
3	INDEX RANGE SCAN	TB_TRD_IDX01	22	5	14

수행 순서(ID 기준)

3 → 2 → 1 → 0

실행 계획 설명

ID	설명
3	TB_TRD_IDX01 인덱스를 인덱스 범위 스캔(INDEX RANGE SCAN)합니다. 해당 로컬 파티션 인덱스이기 때문에 5번~14번 사이에 생성된 파티션 인덱스 스캔을 하게 됩니다.
2	3번에서 나온 ROWID를 바탕으로 테이블 랜덤 액세스(TABLE ACCESS BY INDEX ROWID)합니다.
1	5번부터 14번까지의 파티션을 읽습니다. 즉, 파티션 프루닝(PARTITION RANGE ITERATOR)이 동작하였습니다.
0	SELECT절의 연산을 수행합니다.

chapter 7

병렬 처리 튜닝

오라클은 다중 스레드 방식을 통한 병렬 처리를 지원합니다. 즉, 대용량 테이블에 대한 대량의 연산작업을 여러 개의 스레드가 동시에 처리하여 연산 시간을 획기적으로 단축할 수 있습니다. 대부분 개발자가 업무를 진행할 때 단발성 또는 통계성 쿼리를 작성해야 하는 경우가 있습니다. 이러한 경우에 병렬 처리가 유용하게 사용될 수 있습니다. 이번 장에서는 병렬 처리에 대해 알아보고 병렬 스캔을 통한 튜닝과 인덱스 스캔을 병렬 처리하여 성능을 극대화하는 튜닝 방법에 대해서도 알아봅니다.

7.1 병렬과 병렬 처리

'병렬Parallel'이란 한 개(1)의 작업을 처리하는 데 여러 개(N)의 스레드Thread가 실행되어 작업을 동시에 처리하는 것을 뜻합니다. 반대로 직렬Serial이란 한 개(1)의 작업을 처리하는 데 한 개(1)의 스레드가 실행되어 처리하는 것을 뜻합니다.

오라클에서 '병렬 처리Parallel Processing'란 대용량의 테이블을 검색하거나 구성하는 데 여러 개의 스레드를 실행하는 것을 말합니다. 각각의 스레드가 해당 연산Operation 내에서 자신들이 맡은 부분을 처리하며 QCQuery Coordinator라는 프로세스가 각각의 스레드를 호출합니다. 각각의 스레드가 처리한 부분 집합을 QC가 다시 취합하여 최종 결과를 도출해 냅니다.

병렬 처리 기법을 사용한다면 대용량의 테이블을 검색하는 데 극적인 성능 향상

효과를 가져오게 됩니다. 하지만 병렬 처리 기법은 DBMS의 리소스Resource를 많이 사용하므로 온라인 환경의 실시간 조회 쿼리(빈번한 조회 요청)에는 적합하지 않고 배치Batch 프로그램이나 통계성 쿼리에 사용하면 큰 효과를 볼 수 있습니다.

7.2 병렬 스캔 튜닝

7.2.1 병렬 스캔 튜닝

'병렬 스캔 튜닝Parallel Scan Tuning'이란 대용량의 큰 테이블을 검색할 때 병렬 처리 기법을 이용하여 성능을 향상하는 일련의 모든 과정을 뜻하며, 오라클에서 제공하는 PARALLEL 힌트로 구현할 수 있습니다.

7.2.2 병렬 스캔 튜닝 관련 힌트

PARALLEL

(가) 설명

PARALLEL 힌트는 SQL 단위로 병렬 처리할 수 있게 해 주는 힌트입니다.

(나) 사용법

병렬 처리할 테이블과 병렬도를 지정합니다. PARALLEL 힌트는 FULL 힌트와 같이 사용됩니다.

SELECT　/*+ FULL(테이블) PARALLEL(테이블, 병렬도) */

(다) 예제

EMP 테이블을 테이블 풀 스캔할 때 병렬도를 4로 주어 4개의 스레드가 구동되어 병렬 처리하는 예제입니다.

SELECT

```
/*+ FULL(EMP) PARALLEL(SCOTT_EMP, 4) */
    ENAME
FROM EMP;
```

> **NOTE** 병렬도(Degree of Parallel)
> 해당 쿼리 내에서 가용될 스레드의 개수를 의미하며 PARALLEL 힌트에 인자로 지정할 수 있습니다.

실습 7-1 대용량의 테이블을 병렬 스캔으로 검색하기

A. 실습 준비

A-1 테이블 생성

TB_TRD 테이블을 생성합니다.

```
CREATE TABLE TB_TRD
(
    TRD_NO VARCHAR2(15),  --거래번호
    TRD_DT VARCHAR2(8),   --거래일자
    TRD_AMT NUMBER(15),   --거래금액
    CUST_ID VARCHAR2(10), --고객ID
    PRDT_CD VARCHAR2(6),  --상품코드
    INST_ID VARCHAR2(50), --입력자ID
    INST_DTM DATE         --입력일시
);
```

A-2 데이터 입력

DUAL_1000 테이블을 생성하여 테이블 복제에 이용합니다.

```
CREATE TABLE DUAL_1000 (DUMMY VARCHAR2(1));

INSERT INTO DUAL_1000
SELECT DUMMY FROM DUAL CONNECT BY LEVEL <= 1000;

COMMIT;
```

TB_TRD 테이블을 NOLOGGING 모드로 설정합니다.

```
ALTER TABLE TB_TRD NOLOGGING;
```

TB_TRD 테이블에 1억 건(1000×100000)의 데이터를 입력합니다.

```
INSERT /*+ APPEND */  INTO TB_TRD  —APPEND 힌트 사용
SELECT
    LPAD(TO_CHAR(ROWNUM), 15, '0'),
    TO_CHAR(SYSDATE - TRUNC(DBMS_RANDOM.VALUE(1, 365)), 'YYYYMMDD'),
    TRUNC(DBMS_RANDOM.VALUE(1000, 100000)),
    LPAD(TO_CHAR(TRUNC(DBMS_RANDOM.VALUE(0, 100000))), 10, '0'),
    LPAD(TO_CHAR(TRUNC(DBMS_RANDOM.VALUE(0, 10000))), 6, '0'),
    'DBMSEXPERT',
    SYSDATE
FROM DUAL_1000, ( SELECT LEVEL LV FROM DUAL CONNECT BY LEVEL <= 100000);
COMMIT;
```

A-3 기본키 생성

데이터를 입력한 후에 기본키를 생성합니다.

```
ALTER TABLE TB_TRD
ADD CONSTRAINT TB_TRD_PK
PRIMARY KEY (TRD_NO);
```

A-4 통계정보 생성

테이블과 인덱스에 대한 통계정보를 생성합니다.

```
ANALYZE TABLE TB_TRD COMPUTE STATISTICS
FOR TABLE FOR ALL INDEXES FOR ALL INDEXED COLUMNS SIZE 254;
```

B. 튜닝 전 상황

B-1 튜닝 전 SQL문

```
1   SELECT
2   *
3   FROM TB_TRD
4   WHERE TRD_DT BETWEEN TO_CHAR(SYSDATE-365, 'YYYYMMDD') AND TO_CHAR(SYSDATE,
    'YYYYMMDD')
5   AND CUST_ID = '0000000001';
```

SQL 분석

3~4번째 줄 TRD_DT에 범위 조건을 주었습니다.

5번째 줄 CUST_ID에 '=' 조건을 주었습니다.

SQL의 문제점

TB_TRD 테이블에 조건절에 대한 인덱스가 존재하지 않으며 향후 인덱스를 생성할 계획도 없습니다. 그로 인해 대용량 테이블을 테이블 풀 스캔해야 하는 부하가 존재합니다.

비용

273571

(※ 병렬 테이블 풀 스캔은 H/W 시스템 구성에 따라 처리 속도가 상이하여 시간이 아닌 비용으로 명시하였습니다.)

B-2 실행 계획

ID	Operation	Name	Cost
0	SELECT STATEMENT		273571
1	TABLE ACCESS FULL	TB_TRD	273571

수행 순서(ID 기준)

1 → 0

실행 계획 설명

ID	설명
1	TB_TRD 테이블을 테이블 풀 스캔(TABLE ACCESS FULL)합니다.
0	SELECT절의 연산을 수행합니다.

C. 튜닝

C-1 튜닝 후 SQL문

```
1  SELECT /*+ FULL(TB_TRD) PARALLEL(TB_TRD 16) */ *
2  FROM TB_TRD
3  WHERE TRD_DT BETWEEN TO_CHAR(SYSDATE-365, 'YYYYMMDD') AND TO_CHAR(SYSDATE,
   'YYYYMMDD')
4  AND CUST_ID = '0000000001';
```

SQL 분석

1번째 줄 PARALLEL 힌트를 사용하여 TB_TRD 테이블을 병렬도 16으로 병렬 처리합니다.

비용

18963(기존 273571)

C-2 실행 계획

ID	Operation	Name	Cost
0	SELECT STATEMENT		18963
1	PX COORDINATOR		
2	PX SEND QC (RANDOM)	SYS.:TQ10000	18963
3	PX BLOCK ITERATOR		18963
4	TABLE ACCESS FULL	TB_TRD	18963

수행 순서(ID 기준)

4 → 3 → 2 → 1 → 0

실행 계획 설명

ID	설명
4	TB_TRD 테이블을 테이블 풀 스캔(TABLE ACCESS FULL)합니다.
3	QC가 16개의 스레드를 호출하고 각각의 스레드는 테이블에서 자신이 맡은 영역을 병렬로 스캔합니다
2	각각의 스레드가 QC에게 자신이 읽은 데이터를 전달합니다.
1	QC가 각각의 스레드가 스캔한 결과를 병합(Merge)합니다.
0	SELECT절의 연산을 수행합니다.

7.3 병렬 인덱스 스캔 튜닝

7.3.1 병렬 인덱스 스캔

대용량의 파티셔닝 테이블에 파티션 인덱스를 생성 후 해당 인덱스를 병렬 스캔 Parallel Scan할 수 있습니다. 이것을 '병렬 인덱스 스캔Parallel Index Scan'이라고 합니다. 해당 파티션 인덱스를 읽을 때 여러 개(N)의 스레드가 실행되어 병렬 처리로 스캔할 수 있는데, 이때의 병렬도는 파티션의 개수를 넘을 수 없습니다. 여기서 우리는 다음과 같은 중요한 사실을 알 수 있습니다.

- 파티션 테이블을 병렬 처리 스캔 시 병렬도는 테이블의 파티션 개수를 넘을 수 없습니다.
- 파티션 인덱스를 병렬 처리 스캔 시 병렬도는 인덱스의 파티션 개수를 넘을 수 없습니다.

16개의 파티션으로 나누어진 테이블 또는 인덱스를 병렬 스캔 시 병렬도는 최대 16까지 가능합니다. 또한, 파티션 컬럼의 조건이 들어가서 파티션 프루닝되어 16개의 파티션 중 4개의 파티션만 읽게 되는 경우 병렬도는 최대 4까지 가능합니다.

7.3.2 병렬 인덱스 스캔 튜닝

'병렬 인덱스 스캔 튜닝$^{Parallel\ Index\ Scan\ Tuning}$'은 파티션 인덱스를 병렬 처리로 스캔하여 인덱스를 읽는 시간을 단축하는 기법입니다.

7.3.3 병렬 인덱스 스캔 튜닝 관련 힌트

PARALLEL_INDEX

(가) 설명

PARALLEL_INDEX 힌트는 파티션 인덱스에 대한 인덱스 범위 스캔을 병렬로 처리할 수 있게 합니다.

(나) 사용법

병렬 인덱스 스캔 처리할 테이블과 인덱스, 병렬도를 지정합니다.

```
PARALLEL_INDEX(테이블명, 인덱스명, 병렬도)
```

(다) 예제

EMP_IDX01 인덱스를 인덱스 범위 스캔하면서 해당 인덱스를 병렬 인덱스 스캔합니다.

```
SELECT
/*+ INDEX(EMP EMP_IDX01)
    PARALLEL_INDEX(EMP, EMP_IDX01, 4) */
*
FROM
EMP
WHERE DEPTNO >= 10
```

실습 7-2 인덱스 병렬 스캔을 유도하여 성능 극대화하기

A. 실습 준비

A-1 테이블 생성

TB_TRD라는 TRD_DT 컬럼을 파티션 키로 한 파티셔닝 테이블을 생성합니다.

(파티션 키인 TRD_DT 값의 범위는 이 책을 집필하는 시점으로 하였습니다.)

```
CREATE TABLE TB_TRD
(
    TRD_NO VARCHAR2(15),   --거래번호
    TRD_DT VARCHAR2(8),    --거래일자
    TRD_AMT NUMBER(15),    --거래금액
    CUST_ID VARCHAR2(10),  --고객ID
    PRDT_CD VARCHAR2(6),   --상품코드
    INST_ID VARCHAR2(50),  --입력자ID
    INST_DTM DATE          --입력일시
)
PARTITION BY RANGE(TRD_DT)
(
    PARTITION P_TB_TRD_201409 VALUES LESS THAN ('20141001'),
    PARTITION P_TB_TRD_201410 VALUES LESS THAN ('20141101'),
    PARTITION P_TB_TRD_201411 VALUES LESS THAN ('20141201'),
    PARTITION P_TB_TRD_201412 VALUES LESS THAN ('20150101'),
    PARTITION P_TB_TRD_201501 VALUES LESS THAN ('20150201'),
    PARTITION P_TB_TRD_201502 VALUES LESS THAN ('20150301'),
    PARTITION P_TB_TRD_201503 VALUES LESS THAN ('20150401'),
    PARTITION P_TB_TRD_201504 VALUES LESS THAN ('20150501'),
    PARTITION P_TB_TRD_201505 VALUES LESS THAN ('20150601'),
    PARTITION P_TB_TRD_201506 VALUES LESS THAN ('20150701'),
    PARTITION P_TB_TRD_201507 VALUES LESS THAN ('20150801'),
    PARTITION P_TB_TRD_201508 VALUES LESS THAN ('20150901'),
    PARTITION P_TB_TRD_201509 VALUES LESS THAN ('20151001'),
    PARTITION P_TB_TRD_MAX    VALUES LESS THAN (MAXVALUE)
);
```

A-2 데이터 입력

DUAL_100 테이블을 생성하여 테이블 복제에 이용합니다.

```
CREATE TABLE DUAL_100 (DUMMY VARCHAR2(1));

INSERT INTO DUAL_100
SELECT DUMMY FROM DUAL CONNECT BY LEVEL <= 100;

COMMIT;
```

TB_TRD 테이블을 NOLOGGING 모드로 설정합니다.

```
ALTER TABLE TB_TRD NOLOGGING;
```

TB_TRD 테이블에 1,000만 건(100×100000)의 데이터를 입력합니다.

```
INSERT /*+ APPEND */ INTO TB_TRD —APPEND 힌트 사용
SELECT
    LPAD(TO_CHAR(ROWNUM), 15, '0'),
    TO_CHAR(SYSDATE - TRUNC(DBMS_RANDOM.VALUE(1, 365)), 'YYYYMMDD'),
    TRUNC(DBMS_RANDOM.VALUE(1000, 100000)),
    LPAD(TO_CHAR(TRUNC(DBMS_RANDOM.VALUE(0, 100000))), 10, '0'),
    LPAD(TO_CHAR(TRUNC(DBMS_RANDOM.VALUE(0, 10000))), 6, '0'),
    'DBMSEXPERT',
    SYSDATE
FROM DUAL_100, ( SELECT LEVEL LV FROM DUAL CONNECT BY LEVEL <= 100000);

COMMIT;
```

A-3 기본키 생성

데이터를 입력한 후 기본키를 생성합니다.

```
ALTER TABLE TB_TRD
ADD CONSTRAINT TB_TRD_PK
PRIMARY KEY (TRD_NO);
```

A-4 통계정보 생성

테이블과 인덱스에 대한 통계정보를 생성합니다.

```
ANALYZE TABLE TB_TRD COMPUTE STATISTICS
FOR TABLE FOR ALL INDEXES FOR ALL INDEXED COLUMNS SIZE 254;
```

B. 튜닝 전 상황

B-1 튜닝 전 SQL문

```
1  SELECT
2  *
3  FROM TB_TRD
4  WHERE TRD_DT BETWEEN TO_CHAR(SYSDATE-365, 'YYYYMMDD') AND
5  TO_CHAR(SYSDATE, 'YYYYMMDD')
6  AND CUST_ID = '0000000001';
```

SQL 분석

4~5번째 줄 TRD_DT에 범위 조건을 주었습니다.

6번째 줄 CUST_ID에 '=' 조건을 주었습니다.

SQL의 문제점

TB_TRD 테이블에 인덱스가 존재하지 않습니다. 이로 인해 대용량 테이블을 테이블 풀 스캔해야 하는 부하가 존재합니다.

수행 시간

4.2초

B-2 실행 계획

ID	Operation	Name	Cost	PStart	PStop
0	SELECT STATEMENT		24251		
1	PARTITION RANGE ITERATOR		24251	3	14
2	TABLE ACCESS FULL	TB_TRD	24251	3	14

수행 순서(ID 기준)

2 → 1 → 0

실행 계획 설명

ID	설명
2	TB_TRD 테이블을 테이블 풀 스캔(TABLE ACCESS FULL)합니다.
1	파티션 프루닝(PARTITION RANGE ITERATOR)이 동작하여 3번부터 14번까지의 파티션을 스캔합니다.
0	SELECT절의 연산을 수행합니다.

C. 튜닝

C-1 파티션 인덱스 구성

파티션 테이블의 파티션 컬럼을 인덱스 선두에 두지 않는 로컬 논 프리픽스 파티션 인덱스를 생성합니다.

```
CREATE INDEX TB_TRD_IDX01 ON TB_TRD(CUST_ID, TRD_DT, TRD_AMT) LOCAL;
```

C-2 통계정보 생성

TB_TRD_IDX01 인덱스의 통계정보를 생성합니다.

```
ANALYZE INDEX TB_TRD_IDX01 COMPUTE STATISTICS;
```

C-3 튜닝 후 SQL문

```
1  SELECT
2  /*+ INDEX(TB_TRD, TB_TRD_IDX01)
3  PARALLEL_INDEX(TB_TRD, TB_TRD_IDX01, 4 ) */
4  *
5  FROM TB_TRD
6  WHERE TRD_DT BETWEEN TO_CHAR(SYSDATE-365, 'YYYYMMDD') AND
7  TO_CHAR(SYSDATE, 'YYYYMMDD')
8  AND CUST_ID = '0000000001';
```

SQL 분석

2~3번째 줄 PARALLEL_INDEX 힌트를 이용하여 TB_TRD_IDX01 인덱스를 병렬 인덱스 스캔하도록 하였습니다. 인덱스 스캔을 병렬로 함으로써 성능이 향상되었습니다.

수행 시간

0.1초(기존 4.2초)

C-4 실행 계획

ID	Operation	Name	Cost
0	SELECT STATEMENT		
1	PX COORDINATOR		
2	PX SEND QC (RANDOM)		
3	PX PARTITION RANGE ITERATOR		
4	TABLE ACCESS BY LOCAL INDEX ROWID		
5	INDEX RANGE SCAN		

수행 순서(ID 기준)

5 → 4 → 3 → 2 → 1 → 0

실행 계획 설명

ID	설명
5	TB_TRD_IDX01 인덱스를 인덱스 범위 스캔(INDEX RANGE SCAN)합니다. 파티션 인덱스에 대해서는 인덱스 범위 스캔으로 병렬 인덱스 스캔이 가능합니다.
4	해당 파티션 인덱스의 리프 블록에 존재하는 ROWID를 바탕으로 테이블 랜덤 액세스(TABLE ACCESS BY LOCAL INDEX ROWID)를 수행합니다.
3	5번과 4번의 연산을 파티션 프루닝(PX PARTITION RANGE ITERATOR)이 동작하여 3번부터 14번까지의 파티션을 스캔합니다. 3번부터 14번의 파티션을 QC가 호출한 총 4개의 스레드가 각자 자신이 맡은 부분을 스캔합니다.
2	각각의 스레드가 자신이 맡은 부분을 QC에게 전달합니다.
1	QC는 각각의 스레드에게 전달 받은 결과를 병합(Merge)합니다.
0	SELECT절의 연산을 수행합니다.

한빛 리얼타임

한빛 리얼타임은 IT 개발자를 위한 전자책입니다.

요즘 IT 업계에는 하루가 멀다 하고 수많은 기술이 나타나고 사라져 갑니다. 인터넷을 아무리 뒤져도 조금이나마 정리된 정보를 찾기도 쉽지 않습니다. 또한, 잘 정리되어 책으로 나오기까지는 오랜 시간이 걸립니다. 어떻게 하면 조금이라도 더 유용한 정보를 빠르게 얻을 수 있을까요? 어떻게 하면 남보다 조금 더 빨리 경험하고 습득한 지식을 공유하고 발전시켜 나갈 수 있을까요? 세상에는 수많은 종이책이 있습니다. 그리고 그 종이책을 그대로 옮긴 전자책도 많습니다. 전자책에는 전자책에 적합한 콘텐츠와 전자책의 특성을 살린 형식이 있다고 생각합니다.

한빛이 지금 생각하고 추구하는, 개발자를 위한 리얼타임 전자책은 이렇습니다.

1 eBook First -
빠르게 변화하는 IT 기술에 대해 핵심적인 정보를 신속하게 제공합니다

500페이지 가까운 분량의 잘 정리된 도서(종이책)가 아니라, 핵심적인 내용을 빠르게 전달하기 위해 조금은 거칠지만 100페이지 내외의 전자책 전용으로 개발한 서비스입니다. 독자에게는 새로운 정보를 빨리 얻을 기회가 되고, 자신이 먼저 경험한 지식과 정보를 책으로 펴내고 싶지만 너무 바빠서 엄두를 못 내는 선배, 전문가, 고수 분에게는 좀 더 쉽게 집필할 수 있는 기회가 될 수 있으리라 생각합니다. 또한, 새로운 정보와 지식을 빠르게 전달하기 위해 O'Reilly의 전자책 번역 서비스도 하고 있습니다.

2 무료로 업데이트되는 전자책 전용 서비스입니다

종이책으로는 기술의 변화 속도를 따라잡기가 쉽지 않습니다. 책이 일정 분량 이상으로 집필되고 정리되어 나오는 동안 기술은 이미 변해 있습니다. 전자책으로 출간된 이후에도 버전 업을 통해 중요한 기술적 변화가 있거나 저자(역자)와 독자가 소통하면서 보완하여 발전된 노하우가 정리되면 구매하신 분께 무료로 업데이트해 드립니다.

3 **독자의 편의를 위해 DRM-Free로 제공합니다**

구매한 전자책을 다양한 IT 기기에서 자유롭게 활용할 수 있도록 DRM-Free PDF 포맷으로 제공합니다. 이는 독자 여러분과 한빛이 생각하고 추구하는 전자책을 만들어 나가기 위해 독자 여러분이 언제 어디서 어떤 기기를 사용하더라도 편리하게 전자책을 볼 수 있도록 하기 위함입니다.

4 **전자책 환경을 고려한 최적의 형태와 디자인에 담고자 노력했습니다**

종이책을 그대로 옮겨 놓아 가독성이 떨어지고 읽기 어려운 전자책이 아니라, 전자책의 환경에 가능한 한 최적화하여 쾌적한 경험을 드리고자 합니다. 링크 등의 기능을 적극적으로 이용할 수 있음은 물론이고 글자 크기나 행간, 여백 등을 전자책에 가장 최적화된 형태로 새롭게 디자인하였습니다.

앞으로도 독자 여러분의 충고에 귀 기울이며 지속해서 발전시켜 나가겠습니다.

지금 보시는 전자책에 소유 권한을 표시한 문구가 없거나 타인의 소유권한을 표시한 문구가 있다면 위법하게 사용하고 있을 가능성이 큽니다. 이 경우 저작권법에 따라 불이익을 받으실 수 있습니다.

다양한 기기에 사용할 수 있습니다. 또한, 한빛미디어 사이트에서 구매하신 후에는 횟수와 관계없이 내려받으실 수 있습니다.

한빛미디어 전자책은 인쇄, 검색, 복사하여 붙이기가 가능합니다.

전자책은 오탈자 교정이나 내용의 수정·보완이 이뤄지면 업데이트 관련 공지를 이메일로 알려 드리며, 구매하신 전자책의 수정본은 무료로 내려받으실 수 있습니다.

이런 특별한 권한은 한빛미디어 사이트에서 구매하신 독자에게만 제공되며, 다른 사람에게 양도나 이전은 허락되지 않습니다.